LA COLISIÓN
ACTO QUINTO

A Hanne

QUADERNAS, QUADERNAS, QUADERNAS

Pablo Guevara

QUADERNAS, QUADERNAS, QUADERNAS

Editado por el Departamento de Relaciones Públicas de PETROPERÚ S.A.

Guevara Pablo - *QUADERNAS, QUADERNAS, QUADERNAS*
Lima, 1999, 214 pp. 20.5 cm

«Veinte años de Premio COPÉ» 1979-1999

© De esta edición:
Ediciones COPÉ
Pablo Guevara

Departamento de Relaciones Públicas de PETROPERU S.A.
Av. Paseo de la República 3361, Lima 27, Perú

Diseño de carátula, encartes y
diagramación: Lorenzo Osores

Carátula: Brueghel, El Viejo
Encartes: Bosch o El Bosco

ISBN O. C.: 9972-606-03-1
Vol. 5: 9972-606-06-6

Hecho el Depósito Legal
Registro N° 15011399-2431

Impreso y hecho en el Perú (Printed and made in Peru)
Lima, julio de 1999

Impreso en Línea & Punto S.A.
RUC: 10925975
Av. Arnaldo Márquez 2250
Tel: 463-6355 - Lima 11 - Perú

ESCRIBIR ES DEJAR QUE OTROS CIERREN POR SÍ MISMOS
LA PALABRA DE UNO

Barthes

COMO TODO EL ARTE MODERNO LA ESCRITURA ES PORTADORA DE LA
ALIENACIÓN DE LA HISTORIA Y DEL SUEÑO DE LA HISTORIA. COMO NECESIDAD
TESTIMONIA EL DESGARRAMIENTO DE LOS LENGUAJES INSEPARABLES DEL DES-
GARRAMIENTO DE LAS CLASES... Y COMO LA SOCIEDAD NO ESTÁ RECONCILIA-
DA, LA MULTIPLICIDAD DE LAS ESCRITURAS ES UN HECHO MODERNO QUE
OBLIGA AL LECTOR A ELEGIR, QUE HACE DE LA FORMA UNA CONDUCTA Y
PROVOCA UNA ÉTICA DE LA ESCRITURA

Barthes

LA DUALIDAD «INTELIGIBLE / SENSIBLE» SIRVE DE FUNDAMENTO A UNA CADE-
NA DE OPOSICIONES QUE ENMASCARAN UN ORDEN JERÁRQUICO, EN LAS QUE
UN TÉRMINO APARECE COMO FUNDAMENTAL, EL CENTRO, EL PRINCIPIO, EN
DETRIMENTO DEL OTRO:
CONTENIDO / FORMA; ALMA / CUERPO; INTUICIÓN / EXPRESIÓN; LITERAL /
METAFÓRICO; NATURALEZA / CULTURA; TRASCENDENTE / FENOMÉNICO, EL
TÉRMINO PRIVILEGIADO (QUE SEA) IMPLICA UNA PRESENCIA SUPERIOR, PERTE-
NECE AL ORDEN DEL LOGOS: EL INFERIOR ESTANDO RELEGADO COMO MARCA-
DO POR LA DEGRADACIÓN. UNA OPOSICIÓN DE CONCEPTOS NUNCA ES EL
ENFRENTAMIENTO DE LOS TÉRMINOS, SINO UNA JERARQUÍA Y EL ORDEN DE
UNA SUBORDINACIÓN:

«LA TAREA DE VOLVER «ESTRATÉGICAMENTE, EN LA IDEALIZACIÓN, A UN
ORIGEN O A UNA «PRIORIDAD» CONCEBIDA COMO SIMPLE, INTACTA, NORMAL,
PURA, PROTOTÍPICA, IDÉNTICA A SÍ MISMA, PARA *luego* FORMARSE UN CON-
CEPTO DE LA DERIVACIÓN, COMPLICACIÓN, DETERIORIZACIÓN, ACCIDENTE, ETC.
TODOS LOS METAFÍSICOS HAN PROCEDIDOS ASÍ, DESDE PLATÓN A ROUSSEAU,
DESDE DESCARTES A HUSSERL: EL BIEN PREVIO AL MAL, LO POSITIVO PREVIO
A LO NEGATIVO, LO PURO PREVIO A LO IMPURO, LO SIMPLE PREVIO A LO
COMPLEJO, LO ESENCIAL PREVIO A LO ACCIDENTAL, LO IMITADO PREVIO A LA
IMITACIÓN, ETC.

ÉSTA NO ES SÓLO UNA DEMOSTRACIÓN METAFÍSICA ENTRE OTRAS: ES LA
EXIGENCIA METAFÍSICA, EL PROCEDIMIENTO MÁS CONSTANTE, PROFUNDO Y
POTENTE. LA CONFIGURACIÓN DE UN SABER METAFÍSICO ARTICULADO SOBRE
LA BASE DE OPOSICIONES JERÁRQUICAS ESTÁ A LA RAÍZ DEL RECHAZO DE LA
ESCRITURA COMO LA DEGRADACIÓN DE LO SENSIBLE, DE LO EXTERNO, DE LA
MATERIALIDAD, DEL CUERPO, EN LA INSISTENCIA POR LA MARGINACIÓN DEL
SIGNIFICANTE ESCRITO

Derrida [en un texto de Ferro]

Aᴛʀᴀᴘᴀᴅᴀ ᴇɴᴛʀᴇ ʟᴀs ʀᴏᴄᴀs, ᴇᴍᴘᴏᴛʀᴀᴅᴀ ᴇɴ ʟᴀ ʜᴇɴᴅɪᴅᴜʀᴀ ᴅᴇ ᴜɴᴀ ʀᴏᴄᴀ. Nᴏ sᴏʏ ʏᴏ ʟᴀ ʜᴀʙʟᴀɴᴛᴇ: ᴇs ᴇʟ ᴠɪᴇɴᴛᴏ ǫᴜᴇ ᴍᴇ ʜᴀᴄᴇ ᴀʟᴇᴛᴇᴀʀ ᴘᴀʀᴀ ǫᴜᴇ ʏᴏ ᴄʀᴇᴀ ǫᴜᴇ ᴇsᴛᴏs ᴄᴀ́ɴᴛɪᴄᴏs ᴅᴇʟ ᴀᴢᴀʀ ǫᴜᴇ sᴇ ꜰᴏʀᴍᴜʟᴀɴ ᴘᴏʀ ᴏʙʀᴀs ᴅᴇʟ ᴍᴏᴠɪᴍɪᴇɴᴛᴏ sᴏɴ ᴘᴀʟᴀʙʀᴀs ᴠᴇɴɪᴅᴀs ᴀ ᴍɪ́

Alejandra Pizarnik

Hᴇ ᴀʙᴀɴᴅᴏɴᴀᴅᴏ ᴍɪ ᴄᴜᴇʀᴘᴏ ᴄᴏᴍᴏ ᴇʟ ɴᴀᴜꜰʀᴀɢɪᴏ ᴀʙᴀɴᴅᴏɴᴀ ʟᴏs ʙᴀʀᴄᴏs

Westphalen

—CUANDO YO EMPLEO UNA PALABRA —DIJO HUMPTY DUMPTY CON TONO LIGERAMENTE DESDEÑOSO—, SIGNIFICA LO QUE YO QUIERO QUE SIGNIFIQUE: NI MÁS NI MENOS.

—EL PROBLEMA —RESPONDIÓ ALICIA— CONSISTE EN SABER SI PUEDES HACER QUE UNA PALABRA TENGA TANTOS SIGNIFICADOS DISTINTOS.

—EL PROBLEMA —DIJO HUMPTY DUMPTY— CONSISTE EN SABER QUIÉN MANDA.

ESO ES TODO.

Carroll

LAS PALABRAS LO ESCOGEN A UNO POR SUS ZARABANDAS (O SUS AUTOS DE FE). EN LA POESÍA —ES SABIDO— EL «MEDIUM» ESTÁ SUJETO ENTERAMENTE A LOS DICTADOS Y CAPRICHOS DE LA PALABRA.

AÚN EN LA VIDA CORRIENTE — QUIÉN NO SE HA SENTIDO ARRASTRADO A DONDE ÉL MISMO NO HUBIERA OSADO O NO HABÍA PREVISTO?

NOS EXTRALIMITARÍAMOS EMPERO SI CONFUNDIÉRAMOS POESÍA CON HADO

— EL VERBO ENTREOÍDO (A VECES ENCARNADO) CON SEMEJANZAS DE DESTINO.

Westphalen

YO IBA CORRIENDO DELANTE Y LA BELLEZA DETRÁS

ASÍ DABA LA IMPRESIÓN QUE YO LE DABA LA ESPALDA

Cocteau

CADA ÉPOCA ES UNA CAÑONERA DIFERENTE

OTRA CARTA DE NAVEGACIÓN

SÓLO LA ÓPERA NO CAMBIA

Lihn

Bitácora

10 de abril de 1912

Mediodía	*Deja el muelle de Southampton y escasamente el <u>Titanic</u> evita colisión con el trasatlántico americano <u>New York</u>*
7 noche	*Entra en Cherburgo para recoger pasajeros.*
9 noche	*Sale de Cherburgo en dirección a Queenstown.*

11 de abril de 1912

12.30	*Entra en Queenstown para recoger pasajeros y correo. Un miembro de la tripulación se marcha.*
2 tarde	*Sale de Queenstown rumbo a Nueva York con 1,316 pasajeros y una tripulación de 891 hombres.*

14 de abril de 1912

9 mañana	*El <u>Caronia</u> anuncia hielo a 42° latitud Norte, longitud 49 51° oeste.*
1.42 tarde	*<u>Baltic</u> anuncia hielo a 41° 51', latitud norte, longitud 49° 52' Oeste.*
1.45 tarde	*<u>Amerika</u> anuncia hielo a 41° 27', latitud Norte, longitud 50° 8' Oeste.*
7 noche	*Temperatura, 43°*
7.30 noche	*Temperatura, 39°*

7.30 noche	*Californian* anuncia hielo a 42° 3' latitud Norte, longitud 49° 9' Oeste.
9 noche	Temperatura, 43°.
9.30 noche	El segundo oficial Lightoller advierte a carpintería y sala de máquinas que vigilen el agua; puede helarse en las cañerías. Advierte a cofa que vigile hielo.
9.40	*Mesaba* anuncia hielo a 42°, latitud Norte dando posiciones.
10.00	Temperatura, 32 grados bajo cero.
11.00	*Californian* advierte: «Cuidado con el hielo» pero corta radio antes de dar posición.
11.40	*Titanic* choca con iceberg a 41° 46', latitud Norte, longitud 50° 14' Oeste

15 de abril de 1912

12.45 noche	Primer bote, número 7, arriado.
2.10 madrugada	Últimos mensajes radiados.
2.18	La luz empieza a fallar.
2.20	El barco se hunde
3.30	Los cohetes del *Carpathia* son vistos por los botes.
4.10 mañana	Primer bote, el número 2, es recogido por el *Carpathia*
5.30 mañana	Último bote recogido, el número 12.
8.50 mañana	*Carpathia* enrumba a Nueva York con 705 sobrevivientes a bordo (otra versión dice 675 sobrevivientes)

¿Cuántas vidas se perdieron? Algunos dicen que 1,635; en la investigación americana, 1517; la Cámara de Comercio británica, 1503; la investigación británica, 1490. Las cifras de la Cámara de Comercio parecen ser las más convincentes, descontando al fogonero J. Coffy, que desertó en Queenstown.

Los resultados de las investigaciones británicas y americanas fueron confusas pues en la británica se tomó en cuenta la opinión de sobrevivientes estimadas como mínimos (ver cifras: 1) mientras que en la americana se contabilizaron cifras reales en gran parte comprobadas con las personas realmente salvadas; (ver cifras: 2): de Primera salvó el 63% — de Segunda el 42% — de Tercera el 25% — y de la tripulación el 23%...

	Arriados en los botes (mínimo según los sobrevivientes) (cifras 1)	Arriados en los botes [según auténticas cifras de personas salvadas] (cifras 2)
Tripulación	107	139
Pasajeros (hombres)	43	119
Pasajeras (mujeres y niños)	704	393
	854	651

UNO

QUADERNAS

TODA LITERATURA ES IDEOLOGÍA, TODA CIENCIA Y TODA ARTE

Bajtin

LOS PROBLEMAS FILOSÓFICOS SURGEN

CUANDO EL LENGUAJE DESCANSA

Wittgenstein

QUADERNA PRIMA

CIUDAD-D-ANÍAS
(cartas)

Emperifolladas las ciudades con todas sus ventanas y corbatas de lazo

Adornados los campos con varios fraques de más

La ciudad entera está formada únicamente de columnas de mármol de diferentes colores

Lentamente sigue su camino

El mar a veces se oculta en la más gruesa

Por una vereda seguiremos a la gacela y por otra al pezespada

Los periódicos anuncian una buena cocinera

Un canario

Me habré perdido en mi cuerpo

Westphalen

UN SER LLENO DE INDECISIONES

UN SER BAMBOLEANTE POR ATRÁS

POR DELANTE POR LOS COSTADOS

SEGÚN UN CRECIENTE RUMOR DE OLAS DE TRAPO

ENTRE PÉTALOS GRANDES MÁS QUE ESTATURA HUMANA

Y ABEJAS LIBANDO EN NUESTROS LABIOS

Westphalen

—¡JAH! ¡JAH! ¡JAH!, ÉL TIENE UN GRAN SENTIDO
DEL HUMOR...

—Y ELLA TAMBIÉN TIENE SENTIDO DEL HUMOR.
¡PUEDEN CASARSE Y TENER MUCHOS PEQUEÑOS SENTIDOS
DEL HUMOR!

«La cabeza de Herman», un teleplay

GANADERÍAS / MAJADERÍAS

GANADERÍAS / MAJADERÍAS
1

Rumiando murmurando roncando como lavadoras automáticas
con abundantes aguas para hacer mejor la digestión
en licuaciones constantes que atraviesan
oscuros túneles de los cuatro estómagos
entre infinidad de rumiajes rumiajes rumiajes
entre hierbas y pancamiel... aparece la Vaca...

Doméstica ella ama de casa o dama de compañía o ama de calle
o vereda ella pone siempre la fábrica de su cuerpo el resto es
¡milagro! que se transforma en suculenta carne y en leche
¡dos veces milagro! tras yerbas insumos miel y muchísima
agua y sobretodo mucho reposo paz y tranquilidad... aparece
la Reina Vaca... ¡Muchachos, no hagan demasiados ruidos
mínimas bullas! que silenciosa como ausente oyéndose
escuchándose coqueta engorda muy bien Doña Vaca...

¡Y luego después de la carne están su piel y sus cuernos!
piel volviéndose reconfortantes zapatos casacas de los becerros

inviernos abrigos carteras de las modelos peines y peinetas...
en ella sirven hasta los cuernos para hacer música... y todas
sus partes en exhibición en los luminosos escaparates...
— ¡qué impudicia! acota Don Toro soliviantado
y muy escandalizado... es indigno de ver sus partes
las pudendas en exhibición...¡los misterios secretos
de su reina en exhibición permanente en los escaparates!
envueltos en diamantes de luces ¡qué horror! ¡horrible oye!

Eso dice el puto platónico señor que no es en realidad platónico
que se acuesta con cuanta vaca le pueda mostrar sus criadillas
disimulando que las exhibirá orgulloso en las carnicerías
y/o se ufana de otros que como él brillan... ¡y cuánto!
[ahí comenta que en las corridas en Sevilla
a algunos de sus parientes-toro le han cortado no sólo las orejas
sino hasta el rabo y las patas en un faenón de bandera...]

Y los hombres que en esto de carnes son siempre indecorosos
hiperbólicos desmezurados exagerados sátiros priápicos
ven vacas vacas por donde puedan ver carne y carne
de vaca todas las veces bajo todas las formas que puedan
desde las más imaginativas hasta las más groseras
[uno después de ésto se asombra cada vez más
por qué dividen al cuerpo humano en cabeza tronco y
extremidades ¿no se olvidan de algunas partes?
¿o les basta con decir tronco?... olvidando de precisar

que el pecho es tan distinto al vientre y al bajo
vientre o a la cintura de donde la cadera allí se insinua
todo lo que cuelga y/o se abre de par en par...

Esos anatomistas del hombre y la mujer de seguro
que hablan de la pureza de boca afuera y del más allá...
son cristianos hipócritas fariseos como la gran mayoría
que viven impuros siempre contaminados del más acá
y por eso veneran tanto a Juan e ignoran tanto a Francisco...*

Y a las vacas las paladean inconmensurablemente
con sólo ver campos frutecentes de vacas sueñan
con ver jardines de vacas florecientes por eso existen los
vaqueros jardineros que cuidan a ese animal sagrado
desde muy jóvenes casi consagrados al oficio el divino
¡muchachos, sin medida cuidad la Vaca! ¡muchachos!
amad la vaca! se oye resonar el eco en los campos!

* Juan de la Cruz, Francisco Rabelais

GANADERÍAS / MAJADERÍAS
2

Y a todo eso llaman sin mayores remilgos
el Festival de la Vaca — por eso ahí están
esas ganaderías de ganaderías de vacas que debemos
de ir interpretando como las muchas ganas de vaca de los humanos
(esos deseos que son beneficios aunque sean usureros /
la demanda es enorme y a todo esto le llaman sin aspavientos
¡Beneficio de la Vaca! ¡Viva la Crianza de la Carne de Vaca!...

¡Qué maravilla recibir las palmas magisteriales después
los laureles de oro en el Camal Magisterial de los
hombres-toro y las mujeres-vaca en unos instantes desfilarán
las premiadas mientras delibera afanoso el famoso Jurado
todo lo cotejan todo lo ponderan todo lo denigran y luego
desfilan orondas las premiadas llevadas de un lazo
por sus orgullosos dueños... con cara de premiados ¡ellos!
y hasta con caras de toro y vaca los dueños y autoridades
la vaca que trotó al lado moviendo la cola... ahora

posa para la fotografía... sus premios-diploma
con copas y flores al cuello con coronas y cintas...

[¡Y uno que ha pastureado toda una vida de rumia en rumia
para cumplir su deber (ser y estar) altivamente de pie
bien parado (v.g. toda una vida de escritura altruísta)
uno no recibe nada apenas si sobrevive a un infarto
o un aneurisma... o a alguna dolencia en ciernes...
victoriosamente vencidas... ¿pero mañana?
¿que será mañana?

GANADERÍAS / MAJADERÍAS

3

Y la muerte ¡zote! ¿cómo mueren las vacas?
...no mueren de vejez tranquila en sus establos...
ni de enfermedad — ¿de un balazo? ¿un estoconazo?
¿de un rejonazo? ¡no! mueren de un pistonazo de una pistola
a presión en un moderno camal o un cuchillo certero
en un matadero antiguo o a veces de un tropezonaso
o un desbarrancamiento o un puntillazo en el coso
que pone punto final al toro bravo desangrado
que raras veces se va a su casa para semental...
sólo si es un toro recontrabravo pero ello casi nunca sucede...
entonces la plaza entera saca pañuelos...

Y no por las miradas de un toro seductor... puro ojos de amor
sanguinolentos de toro deseoso sino mas bien por miradas
efusivas de un beneficiario con ojos como de calculadoras
que con una sola mirada sabe los kilos que va a
colocar en el mercado... ¡y después la holganza...!
¡el jolgorio y todo lo demás a criterio del respetable!

En tanto los fieles del planeta salmodian a la manera de los
almuacines en los minaretes-torres-restaurantes de
enormes ciudades plagadas de iglesias gastronómicas
reputadas sin fin y muy disputadas por agradecidos
estómagos que entre eruptos y demás aires...
que campean... dan señales invariables de que están ahítos y/o
satisfechos hasta reventar — los que tragan no son
siempre los mejores gastrónomos de seguro que son los
los peores los más ingratos comensales que casi no piensan
en alabar a la vaca por lo que vale tampoco al cocinero
sí quizás al dueño o administrador sólo por ver si les regala un vino
o un wiskey... habiendo comido ahitos ahora sólo ven
a las vacas del lugar... a la vaca de su mujer
y de seguro a las vaquillonas-hijas que andan por ahí...
y estan en edad... [las viejas de antes decían
«en edad de merecer»] ¡cuanta grosería!
¡qué ingratitud! ¡qué vaquillonadas!
una vez comida no olviden a la vaca...

GANADERÍAS / MAJADERÍAS

4

Es que realidad los hombres prefieren a los hombres-esclavos
y mujeres-esclavas porque ellos sí que son las mejores vaquerías
del planeta ellos son ingentes majadas de mano de obra-esclava
y luego a acomodarse en esos comedores planetarios del planeta
con un sueldo o salario o jornal o estipendio o dieta o canonjía
cosas con las que sueñan los hombres y mujeres
del mundo entero...

A esos sí suelen devorárselos cotidianamente en los
centros laborales de los más diversas agriculturas e industrias
fábricas oficinas talleres tiendas almacenes escuelas
imprentas casernas mataderos carnicerías cuarteles hospitales
campamentos mineros delegaciones de policía cosos
estadios rings de box periódicos y revistas y luego otra vez
los enormes comedores-comederos a nivel planetario...
de recuperación de fuerzas e ideas
donde devorar animales de las más diversas
procedencias y razas diversas...

Les educan para eso desde cunas y maternidades
y después en las escuelas y por supuesto en esos
establos de profesionales que son las universidades
de terneros y terneras poco después toros y vacas
profesionales pero antes son vaquillonas de los concursos
y/o toretes los futuros sementales y trabajadores bueyes...

Entonces los trabajadores del mundo entero son
las verdaderas ganaderías y majaderías con ese
sanbenito de tener que trabajar para vivir y comer
en tanto los empresarios se comen a besos a las secretarias
y las catalogan las marcan en sus cuartos traseros
igual que hacen los escritores con las palabras
o los curas en sus confesionarios las hacen sangrar...
¡y hay una cultura mundial de la devoración de la vaca!
una cultura de la rumia una educación de la rumia
fuera de las consabidas 40 hrs. semanales que es trabajar
en oficios o profesiones cinco o seis días de la semana...
para esa turba infame que trabaja menos y renta más
aunque también trabajen mucho y rumien y rumien
y rumien casi sin parar... pero ellos se hacen ricos...

Ellos y Ellas casi secretamente escriben cuadernos
para relatarnos o contarnos desde lo profundo de su corazón
cómo son atravesados de amor y un algo de sus aventuras
en poemas y cuentos y novelas en obras de teatro o músicas
sublimes o no ¡ellas y ellos llenan los campos de suspiros!

Entre mugidos y berridos y bramidos un esperanto de amor
se extiende por el mundo esto lo entienden
hasta los guarda caballos moscas y gusanos
de las mataduras como si sólo se trabajara cada día
para poder comer y nada más y a todo esto no se llama arte
mayor ni menor ni arte fantástica ni arte
contemporáneo referidos a las ganaderías de ahora las vacas
son música de los campos desparramadas como corcheas
fusas y semifusas en acordes en pentagramas de yerbas
como parte de lo que los hombres hacen para asegurar
la propiedad hasta cuando las imprimen con un hierro
candente de marcación en el lomo en los cuarto traseros
¡casi se lo agradecen! — miran el mundo con bovinos ojos
al hierro casi lo besan — ¡atiza! dicen — ¡ya tenemos dueño!
de seguro no nos faltarán pastos por el resto de la vida!

Entonces... ¡cuidad esas majadas que están por los collados!
esas multitudes que no saben con cuánto corazón
están siendo llevadas a los mataderos que están en los oteros
afortunadamente las vacas y los toros no saben un átimo
o pizca o nizca de lo que sí sabemos nosotros les pasará...
¡porque el día que lo sepan se morirán del susto!
y nosotros de la pena de no comer más carnes rojas...
y más aún olvidarnos de los diezmil modos o maneras
de preparar y aderezar a esas suculentas...
y de hacernos cada vez más esclavos

de las vacas pero eso no viene al caso...
y así termina el policial de la Vaca
[el thriller la comedia negra
el telenovelón o el especial de la Vaca]

QUADERNA SECONDA

LENGUADOS / DESLENGUADOS

a G.L.

LENGUADOS / DESLENGUADOS

1

Parece que los peces no sabemos mucho de lluvias
tifones temporales tornados trombas de agua huracanes ciclones
vendavales casi no nos importan pero sí —sabemos mucho—
de temperaturas de las cambiantes aguas...

Como los hombres dicen que tengo forma de lengua humana
los hombres (siempre poco o tan) imaginativos me han dado
ese apelativo tan desdoroso y poco edificante de lenguado...
— eso también dicen mis congéneres— porque nosotros
ni les hablamos no nos interesan los mayores ni los menores
                    / de sus pormenores...

Pero ellos sólo quieren verme extendido sobre sus mesas
de disecciones bien sazonado a la criolla o bien cubiertos de cremas
a la francesa enterrado bajo sábanas de colores y/o rodeado
de verduras primorosas en guarniciones (esas de guerra)

o en pez ecológico o naturista cocido tierno al vapor
a lo japonés bien fresco o frito o cubierto con salsas de
jenjibre como en Oriente...

El asunto es hacer conmigo lo que les venga en gana
y yo tengo que llenarlos de agradecimientos
por cada mordisco dado ¡vaya que si son ocurrentes!
    — dicen que hasta dejan de hablar de sus asuntos
para comerme mejor... dicen además que debo entenderlo
como un homenaje o una coquetería humana
                    de los humanos-inhumanos una gran deferencia
hacia mi persona ¡vaya cuajo, el humano!

Ser comido ¿acaso debe ser el elogio mejor que puede
recibir un pescado pez de los hombres? — un pez
lisa o borracho o pejesapo o anguila que no es pez
por esos deslenguados vueltos eximios forenses en las cocinas
... y yo que me sé pez elegante por mis giros enloquecidos...
aerodinámicos o desplazamientos ligeros bellos
    — lo dicen algunas lenguadas que espero no
hayan menguado o cambiado de opinión a pesar
de los años — yo no me creo ser un pez fino y menos
uno de esos de la buena mesa... ser fino no es mi ambición...
porque eso depredadores sólo esperan verme
desfilar por las pasarelas de sus bocas groseras en bocado
de pez suculento ansiosos como son de una ferocidad sin límites...

Lo que pasa es que ellos viven y se desviven porque otros que
no sean ellos hagan lenguas de ellos — aunque ellos pateen
las de sus vecinos y a veces hasta las propias
y se desangren en el empeño comprometiendo hasta las de
sus hijos y a veces las de sus hijos desaforados de iracundia
con sus esposas y amigos y enemigos...

No pueden dar un paso sin estarlas pateando
todo el tiempo ¡es que no son lenguados
son unos sóferos deslenguados!...
Las lenguas a algunos les cuelga hasta
los zapatos / otros casi las arrastran con
solemnidad cual manto cardenalicio...
¡Son tan mal hablados todos desde su
altura vicaria como de cordillera y luego caen con una
enormidad lenguaraz! ¡casi suena o retumba
a aluvión o a huayco en Ancash*

Así sus padres e hijos sóferos deslenguados
que son hasta se las autoflagelan de tan místicos puros siervos
creyentes del Señor de las Lenguas...
[el de moda o más visto o el que más les acomode...]

(*) alusión al terremoto del 31 de Mayo de 1970 en Huaraz, Ancash-Perú cuando
   se desprendió una corniza del Huascarán y ese deshielo formó un aluvión con
   una pared negra y líquida de 50 metros de alto cuando cubrió Yungay.

LENGUADOS / DESLENGUADOS
2

Y AL CABO DE OCHO DÍAS EL MAR ARROJARÁ A LAS ORILLAS SU CUERPO OBESO

Eclesiastés

¡Frios! ¡Calores! ¡Tibiedades! ¡Ardores! ¡Hielos!
debió ser una lengua del tamaño de un cachalote o ballena
esa que fue capaz de tragarse a un hombre entero...
o una lengua boa constritor enorme que se le enroscó y
trituró hasta los huesos...¡no tienen límites
a los deslenguados no hay forma de sofrenarlos!

También se dice que se parecen a las casullas de los curas
las llevan como dobles lenguas colgantes... ¡una adelante / otra atrás!
adornadísimas por ambas caras con cambiantes colores
¡bífidamente! como las dos caras de una misma moneda...
cuelgan como lenguas ambiguas por ambas caras
un color diferente para cada día de la semana y del mes...

Color grana color de la pañosa de los toreros
color rojo bandera peruana o carmín o carmesí o rojo
escarlata o bermellón o color concho de vino o fucsia que es
rojo con lila o bermejo o rubio rojizo o esos dorados oro
viejo o por siempre ámbar que tanto atrae la electricidad...
o esos gualda o amarillo-cromo o amarillo-limón o amarillo-patito
o melocotón o azul cobalto o azul añil o azul índigo o prusia
o marino o verde esmeralda o verde nilo o verde pacae o verde culo
de botella o verde olivo o tabaco o blanco hueso o blanco impoluto
de vírgenes o celeste celestial... o negro funéreo o funerario...

Un filósofo ha dicho:

LA LENGUA ES LA CASA DEL SER

Y LOS LENGUAJES LOS GUARDIANES DE LA CASA DEL SER

Se ve venir a lo lejos un tornado un sifón de aire un simun
que baja de los cielos y/o asciende a los cielos una tromba
puede ser Moby Dick que corre paralelo a nosotros
y todo el tiempo nos agüeita (porque Moby piensa)
y alienta destruirnos sólo que vive esperando
hallar la mejor ocasión el mejor momento para atacar
inmisericorde agarrarnos a la desprevenida...
enfilar hacia nosotros frontalmente de frente o en sesgo
o surgir de pronto debajo de nuestros pies... un cataclismo...

Y no darnos pie o sitio donde poder apoyarnos
quitarnos el menor punto de apoyo para mover el mundo
ninguna palanca ni la de Arquímides...

¿Y ENTONCES QUIÉN SOBREVIVIRÁ PARA PODER
CONTARLO?
ANTES DEL TIEMPO NO ES EL TIEMPO / DESPUÉS
DEL TIEMPO TAMPOCO ES EL TIEMPO /
EL TIEMPO ES EL TIEMPO...

El silencio

Las palabras

¿Mujer adúltera
u hombre vengador?

DOS

QUADERNAS

TECHO TRANQUILO Y RUTA DE PALOMAS,
QUE PALPITA ENTRE PINOS Y ENTRE TUMBAS;
AL MEDIODÍA EXACTO ARMAS SUS FUEGOS
ALLÍ EL MAR, EL MAR, SIEMPRE EMPEZÁNDOSE.
¡RECOMPENSA AL FINAL DE UN PENSAMIENTO:
MIRAR FIJO LA CALMA DE LOS DIOSES!
[...]
MASA DE CALMA Y PÚBLICA RESERVA
AGUA QUE PARPADEA, OJO QUE GUARDAS
TANTO DE SUEÑO BAJO UN BRIAL DE LLAMAS,
¡MI SILENCIO!... EN EL ALMA ARQUITECTURA
COMBA DORADA DE MIL TEJAS, TECHO.
[...]
PARA MÍ, SÓLO A MÍ, Y EN MI SER MISMO,
EN LA ENTRAÑA Y LAS FUENTES DEL POEMA,
ENTRE EL VACÍO Y EL SUCESO PURO,
ESPERO UN ECO DE GRANDEZA ÍNTIMA.
CISTERNA AMARGA, LÚGUBRE Y VIBRANTE,
COMO UN HUECO FUTURO EN MÍ SONANDO.
[...]

¡PERRA ESPLÉNDIDA! ¡AHUYENTA AL QUE ES IDÓLATRA!

CUANDO CON GESTO DE PASTOR VIGILO

SONRIENDO LOS CARNEROS MISTERIOSOS,

ALBOS REBAÑOS DE TRANQUILAS TUMBAS

ALÉJAME LAS PÚDICAS PALOMAS,

VANOS SOÑARES E INDISCRETOS ÁNGELES.

[...]

LLEGADO AQUÍ, EL FUTURO YA ES PEREZA.

NÍTIDA SEQUEDAD RASCA EL INSECTO.

TODO YA ARDIÓ, DESHECHO, Y A LOS AIRES

VA, A YO NO SÉ QUÉ ESENCIAS RIGUROSAS.

VASTA ES LA VIDA ESTANDO EBRIA DE AUSENCIA,

Y ES MIEL EL AMARGOR, CLARO EL ESPÍRITU.

[...]

¡PARA CALMAR TU ANGUSTIA, A MÍ ME TIENES!

¡MIS FALLAS, DUDAS Y ARREPENTIMIENTOS

SON EL EFECTO DE TU GRAN DIAMANTE!...

¡PERO EN SU NOCHE, TAN PESADA EN MÁRMOLES

UN PUEBLO, EN LAS RAÍCES DE LOS ÁRBOLES,

VAGA Y TOMA MUY LENTO, TU PARTIDO!

[...]

AGUDOS GRITOS DE HALAGADAS JÓVENES,

LOS DIENTES, EL MIRAR, HÚMEDOS PÁRPADOS,

EL SENO QUE EN LA LLAMA ARRIESGA ENCANTOS,

LA SANGRE QUE EN LOS LABIOS BRILLA Y RÍNDESE,

EL DON POSTRER, LOS DEDOS QUE LO OCULTAN,

¡TODO A LA TIERRA VUELVE Y ENTRA EN CICLOS!

[...]

¡OH, SÍ, GRAN MAR, DOTADA DE DELIRIOS,

PIEL DE PANTERA, ACRIBILLADA CLÁMIDE

POR LOS MIL Y MIL ÍDOLOS SOLARES;

HIDRA ABSOLUTA, EBRIA EN CARNE PROPIA

Y AZUL, QUE MUERDES TU FULMÍNEA COLA

EN UN TUMULTO, SÍMIL DEL SILENCIO!

Valery

[El cementerio marino, traducción de Emilio Oribe]

QUADERNA TERZA

UN HOUDINI DE PALABRAS

LA PRIMERA TAZA HUMEDECE MI BOCA Y MI GARGANTA, LA SEGUNDA ROMPE MI SOLEDAD, LA TERCERA PENETRA EN MIS ENTRAÑAS Y REMUEVE MILLARES DE IDEOGRAFÍAS EXTRAÑAS, LA CUARTA ME PRODUCE UN LIGERO SUDOR Y TODO LO MALO DE MI VIDA SE EVAPORA POR MIS POROS, A LA QUINTA TAZA, ESTOY PURIFICADO. LA SEXTA ME LLEVA AL REINO DE LOS INMORTALES. LA SÉPTIMA... ¡AH!, LA SÉPTIMA... ¡PERO NO PUEDO BEBER MÁS! SÓLO SIENTO EL VIENTO FRÍO HINCHAR MIS MANGAS... ¿DÓNDE ESTÁ HORAISAN, EL PARAÍSO CHINO? DÉJAME SUBIR A ESTA DULCE BRISA Y QUE ELLA ME TRANSPORTE A TÍ»

Lotung, poeta de la dinastía Tan

UN HOUDINI DE PALABRAS
1

DE LA CONTRADICCIÓN DE LAS CONTRADICCIONES, LA
CONTRADICCIÓN DE LA POESÍA, OBTENER CON UN POCO DE
HUMO LA REPUESTA RESISTENTE DE LA PIEDRA Y VOLVER A
LA TRASPARENCIA DEL AGUA QUE BUSCA EL CAOS SERENO
DEL OCÉANO DIVIDIDO ENTRE UNA CONTINUIDAD QUE
INTERROGA Y UNA INTERRUPCIÓN QUE RESPONDE

LEZAMA LIMA, *Fragmentos a su imán*

En los fondos del río Potomac mucho se perdía en apariencia
entre el cieno la inmundicia el caos reinventando el mundo grandes
nutrientes de las bellezas nuevas y de las monstruosidades

Los ondulantes ceremoniales eran RECOGIDOS POR LA LANZA EN EL
TURBANTE GENUFLEXO DE LA REMERA AGUADORA...

Lenguas de voces diversas llegaban en manadas (75,000 ú 85,000 todas orales pero sólo 3,500 tenían escritura)

Se deslizaban como tiburones o peces ornamentales o pulpos de variados tamaños de la contradicción a las contradicciones COMO UN HUECO QUE SE LLENA DE LARVAS Y ALLÍ REPOSA DESPUÉS UNA LANGOSTA / SUS OJOS TRAZAN EL CARBUNCLO DEL CÍRCULO, LAS MISMAS LANGOSTAS CON OJOS DE FANAL

El entretanto se estrechaba se achicaba se estiraba helicoidalmente como descorchador culebra de mariposas un dedo parecía un taladro o desarmador otro un tornillo otros unos desarmadores huesos mientras que las espaldas en ángulo agudo o recto hacían de grúa pero en absoluto violencia era una danza que tenía que ser lo opuesto porque quienes te encierran son otros hombres y tu poder es sólo la fuerza de tu inteligencia y sensibilidad reducir esas fuerzas a cero y contruir una contradanza

EN EL CHISPORROTEO DEL REMOLINO EL GUERRERO JAPONÉS PREGUNTA POR SU SILENCIO, LE RESPONDEN EN EL DESCENSO A LOS INFIERNOS, LOS HUESOS ORINADOS CON SANGRE DE LA FURIOSA DIVINIDAD MEXICANA, EL MAZAPÁN CON LAS FRANJAS DEL PRESAGIO SE IGUALA A LA PLACENTA DE LA VACA SAGRADA

UN HOUDINI DE PALABRAS
2

En los fondos del río Potomac ahí entre el cieno o el lodazal
todo parecía perdido en apariencia estar ahí entre el barro y la
inmundicia dentro del caos otra vez reinventado el mundo con sus
grandes nutrientes de bellezas viejas y nuevas monstruosidades vivir entre materiales de lo más diversos en movimientos siempre de
traslación y de rotación produciendo sentidos direccionalidades la
línea y la curva y la tangente y la esfera que rueda LOS ONDULANTES
CEREMONIALES DEL ASPID TREPANDO POR EL PECHO DEL VACIADO VAN
DESACORDANDO HILACHA POR ESCAMA, GRUÑIDO DEL BARRO RECOGIDOS
POR LA LANZA EN EL TURBANTE GENUFLEXO DE LA REMERA AGUADORA...

Allí se vertían toneladas de toneladas de lenguas de voces diversas
llegando en manadas (75,000 ú 85,000 todas orales y apenas 3,500
con escritura) estas proezas se deslizan como tiburones de tierra o
como peces ornamentales o pulpos de los más diversos tamaños
que van por las calles produciendo desvaríos contradicciones COMO
UN HUECO QUE SE LLENA DE LARVAS Y ALLÍ REPOSA DESPUÉS UNA LANGOSTA
SUS OJOS TRAZAN EL CARBUNCLO DEL CÍRCULO, LAS MISMAS LANGOSTAS
CON OJOS DE FANAL

Impávido en medio de la mayor oscuridad el tacto la sensibilidad y la inteligencia abriendo cerraduras candados pegamentos amarras nudos soldaduras falsas pistas desestimadas y siguiendo otras verdaderas que pasan por falsas y estimando falsas que pueden dar las claves operativas para llegar al meollo de la organización a la masmédula de la clave maestra donde toda organización por derivaciones colapsa porque sino no se producirían acciones distintas con distintos ritmos a prueba de cortocircuitos porque «lo encerrado» por hombre *puede ser abierto* lo único que un hombre hace para encerrar a otros hombres es <u>en-cerrar-los</u> matándolos y la otra creándoles <u>la ilusión de que están libres</u> cuando en realidad están encerrados años de años creyendo que viven en libertad es lo usual y queda aún una tercera posibilidad la de una prelación o una <u>preferencia</u> haciéndoles creer que escogen su vida... y son libres

El que sabe soñar con la liberación hace todo lo real-mente posible-imposible por liberarse v.g. tiene que saber desenredarse... desenrrajarse... desoldarse.. reducirse a su más mínima expresión para escapar al cerco de opresión ciego sordo y mudo que finge no ver no oír no hablar... pero fue un vulgar accidente banal y absurdo por inesperado que no pudo ser previsible porque casi siempre la mayor parte de todo lo existente escapa a lo previsible escapa a la hora y el lugar como este accidente que fue un accidente doméstico de casa adentro casi un asunto de vecindaje que vino a poner trágico fin a sus proezas...

Él murió de resultas de un fuerte golpe recibido a mansalva en la boca del estómago por un marido celoso o un marido engañado o un novio fuera de sí y él se desangró en un rincón sin mayores auxilios entonces ya no pudo desentrañar más las llaves del odio o del ensañamiento porque el esquema mental de la lógica de los celos lo cubrió todo imposibilitado de moverse no se echó a andar y contra eso no podía hacer nada descifrar eso que NO tenía cifra alguna era una turbulencia quiso resistir en vano y comenzó a caer a caer a caer cada vez más aceleradamente en caída libre a los fondos ahogándose en sangre tirado en un lugar al ras del suelo y ya no desde una altura superior a los 47 metros que tiene Niágara Falls de cuya catarata salió triunfante dos o tres veces doscientos o trescientos metros río abajo pero esta vez estando en una vulgar calle de vecindario no pudo alzar más los brazos en alto en forma de «V» en señal de victoria...

HOUDINI DE PALABRAS

3

SIENTO QUE NADO DENTRO DE UN TONEL DE VINO
NADO CON LAS DOS MANOS AMARRADAS

Lezama Lima

¡Calderas del diablo! ¡Calderas del demonio! había que domeñarlas desamarrarlas y atracarlas sin descanso acoderarlas desacoderarlas a los muelles de los días a los años a la mar a los océanos a los barcos los naos los navíos los trasatlánticos los traspacíficos las carabelas las palabras viejas los bergantines los barcos escuela las fragatas los veleros —no importaba mucho si otros habían han naufragado había que flotar sobre las olas de palabras y discursos de mentiras y verdades a medias y verdades ocultas permanentemente y sobre todo había que salir del fondo y echarse a nadar levantando los brazos en señal de victoria.

El ser humano necesita literatura los pueblos necesitan literatura, no para ser felices (bueno fuera) sino para saber cómo son infelices... ¡y saber salir airosos de la prueba...! ¿pero eso para qué sirve?

QUADERNA QUARTA

No eran pasajeros. No eran técnicos ni eran tripulación o tripulantes. Eran obreros y empleados trabajando en el restaurant francés «a la carta» de Monsieur Gatti, el concesionario. La mayor parte de los mozos y personal de cocina eran italianos... Ellos y Ellas. Todos murieron, sólo se salvó Monsieur Gatti.

Consultando el Armador Hutchison respondió: «Ella» (la nave: the shep) está haciendo agua...

Dos marineros dijeron que el agua estaba llegando al squash court (una cancha de squash de 8x6 mts. bajo techo donde se juega raqueta con pared); dijeron que el agua llegaba a la línea de foul, 80 centímetros sobre el suelo.

Porque como dijo Lu Ki de los poetas:

«ATRAPAN CIELO Y TIERRA EN LA JAULA DE LA FORMA Y ESTRUJAN
MIRÍADAS DE COSAS EN LA PUNTA DEL PINCEL... ENCIERRAN TODO UN
ESPACIO INFINITO EN UN SOLO PIE CUADRADO DE SEDA; VIERTEN UN
DILUVIO DESDE UNA PULGADA DE CORAZÓN»

HABÍA UNA VEZ

HABÍA UNA VEZ

—¡Salud Mafalda! ¿Siempre preocupada de adónde
va la humanidad?
—¡Ah no, total... Se supone que no hay nadie
esperándola en ninguna parte, no?

Quino

*

Una vez unos jóvenes creyeron que se podía llegar a ser cuanto
uno quisiera ser por equivocado que uno estuviese ¡ellos lo creían
así! ¿quién a los 20 años podría dejar de creerlo?... eso es lo más
hermoso y lo más terrible de los 20 años..

**

Pasaron los años los jóvenes se llenaron de arrugas como árboles u hojas caídas de otoño y nunca se llegó a saber si llegaron adónde querían llegar ni nadie les preguntó si habían llegado adónde querían llegar ni ellos dijeron esta boca es mía...

—DE DÓNDE VIENEN USTEDES?
—DEL LUGAR MÁS PRÓXIMO.
—¿DÓNDE VAN?
—¿ES QUE SE SABE ALGUNA VEZ DÓNDE UNO VA?

Diderot

Diderot planteaba que debíamos saber elegir a cada instante a la vez que parecería insinuar un cierto destino ineluctable o fatal por la casi imposibilidad racional de poder saber algo de lo que advendrá algo o mucho de lo que que advino y poco de lo que está viniendo... así uno vive rodeado de ignorancias entre el «fatalismo» de Jacques [o Santiago o Yago o Diego] el fatalista que por su ignorancia se siente impelido a someterse o a seguir sometido a la sumisión frente a la más absoluta indiferencia y libertad de opciones de su Maestro...

***

PUES EL INTERÉS PRIVADO TIENDE SIEMPRE A LA PREFERENCIA
Y EL INTERÉS PÚBLICO A LA IGUALDAD

Manuscrito de Ginebra, Rousseau

Porque saber sobre lo adecuado y lo inadecuado ya es buena señal de lo que sea pero no saber a sabiendas de que no se sabe linda en la tontería o en la indiferencia [llámese ociosidad o desencanto]

Así entre el «fatalismo» de Jacques [o Santiago o Yago o Diego] fruto de la dependencia precisamente <social> de criado y valet y el fino agnosticismo de su patrón, dígase <socialmente fino> por su posición por pensar en un abismo insalvable por cualquier Revolución algo insalvable por el insumiso-sumiso empleado Jacques que se siente impelido por los tiempos modernos que corren a no someterse y a no seguir sumiso-insumiso aunque no sabe aún cómo actuar frente al amo o patrón a la vez que ambos se sienten incómodos uno frente al otro y uno no puede dejar de serlo por su ineptitud y el otro por necesidad porque ahora abandonan los campos por las ciudades los siervos de la tierra y ambos entonces aparecen como los extremos los más desdichados absurdos y disparatados de una época paradójica incapaz de dar o de generar repuestas humanas a corazones tiernos...

Que no era esto lo mejor para el Estado Llano que sabe que eso sólo propicia la más absoluta indiferencia u odio del uno frente al otro que apenas podrá ser mediada o intermediada por ese simple papel legal denominado CONTRATO SOCIAL, unas Leyes falsas-verdaderas ambiguas en opciones e ilusiones que refrendaban sin embargo un enorme logro social —lo contractual de la negociación—social frente al absolutismo pero a la vez una nueva farsa o fracaso para muchos que perdían la independencia y volvían a la dependencia esta vez legal de la sujeción del hombre por el hombre...

Son el nuevo drama y/o comedia humana la legalidad escrita [¿archiescritura?] que ya Derida explicó como el juego doble de una lengua bífida...

La novela «Jacques el fatalista o la sumisión» de Diderot aparece en 1796 y se la parangona con el «Quijote...», ella vendría a ser el nuevo intelectual revolucionario Quijote francés acorde con los tiempos por esas discusiones interminables plagadas de paradojas pero tolerantes donde los polemistas se dan a la vez amistad, ironía y desconfianza-confianza pero jamás menosprecio... Y se simpatizan más cada día... aunque las asimetrías estén por todas partes espada de Damocles envenenándolo y agriándolo todo...

Los mercados al inventar eso de la libre disposición de las partes que transan y se ponen de acuerdo en los términos precios y valores no pueden cambiar nada de la asimetría piramidal dentro de la que se da tamaño engendro de pobres y ricos que no es como se dice algo precisamente simétrico ni jamás lo pretendió aunque lo aparente contractualmente porque realmente puede producir ingentes cantidades de acumulación de capital de un lado y del otro la lógica de dar lo mínimo humanamente posible peor sería nada en medio de las más increíbles condiciones de existencia teñidas de democracia y la relativa utopía: ¡¡¡libertad!!! ¡¡¡libertad!!! ¡¡¡libertad!!!]

ESCENARIOS

(ESCÉPTICO, DE CAMBIO DE LUGAR)

Si hubiera de ir a alguna parte ¿a qué parte iría? Si no lo sé de todas maneras voy a alguna parte sitio o lugar... Casi siempre dentro de los mismos límites... no hay manera de ir a dos partes distintas a la vez... y que éstas sean posibles de complementarse... humanamente hablando nada se complementa con nada si las opciones son distintas dos hombres se suman pero nunca serán la suma de sus partes apenas sólo unos instantes de una transacción que siempre será menos que cada una de sus partes aunque se diga que son iguales o equivalentes no es verdad es sólo una ilusión...

Y eso ¿a quién le puede importar o le hubiera importado?

(ESCÉPTICO, POR SEGUNDA VEZ)

No es esto un asunto que importe realmente... ir a alguna parte o no ir... ir a ninguna parte o no ir de todas maneras se llega a ir a alguna parte y se está en alguna parte lo mismo que en todas partes se está mal porque en ninguna se está bien a entera satisfacción — hay hombres que dicen esto mismo de distintos modos si es que alguien cree haber llegado a alguna parte puede que cuente para algo decir cómo le ha ido eso da placer da satisfaciones sobretodo si el alma ha ganado algo en el paseo entonces sentirá que en algo ha salido beneficiado... Y es agradable pasar de una apariencia a otra apariencia y hasta creer que se ha llegado a su sitio o lugar en tierras sitios o lugares todos tienen propietarios y dueños y eso creen ellos...

Y estar bien en un determinado lugar tampoco se sabe si uno ha llegado a un determinado lugar o sólo ha llegado a un sitio donde se ha detenido o paralizado porque no puede ir más lejos sólo por unas cuantas horas o minutos que puede ser la vida entera...

Y no es esto un asunto que importe realmente...

(EPICÚREO, POR PRIMERA VEZ)

Mejor no moverse de un mismo sitio o lugar porque la tierra misma se encarga de moverlo a uno quiera uno o no — y si nos movemos ojalá que sea por placer y no por obligación que no hay cosa mejor en el mundo que moverse por gozo o placer antes que por obligación... saber gozar de algo es cosa de dioses y no de lerdos pues los placeres son los placeres de la carne revestida de espíritu porque no tenemos otra cosa cubriendo los huesos y no me digan que los cubren sólo trapos sólo modas...

Y entonces dirán ¿y de dónde salen la música la poesía la literatura la danza el teatro el cine la ciencia de escalar montañas o correr autos o los deportes de aventuras? ¿de dónde salen sino es del alma con el cuerpo?

(EPICÚREO POR SEGUNDA VEZ)

La generosa hospitalidad de la tierra es siempre capaz de hospedarlo a uno al final del camino con muchas más facilidades que las que en vida nos dieron los hombres nunca se tuvo tantas para morir desde que los hombres los conocieron [los placeres] de manera que una vez terminados los placeres uno muere y como última proeza uno entra en eso insano o no malamente llamado estado de descomposición que no es otra cosa que otro de los infinitos intercambios entre materia y energía entre sólidos líquidos y gaseosos del universo...

Lo que significa que no nos daremos cuenta de nada de nada en absoluto en tanto alguien nos estará bebiendo comiendo respirando y/o contemplando como parte de algún paisaje como elemento componente sin saberlo ellos [ni nosotros... pero a lo mejor aún sentiremos placer...]

(ESTOICO)

Por más que a uno le repitan o le digan el nombre del sitio o el lugar donde uno se halla allí también uno estará rodeado de hombres muchos hombres como en las otras ciudades tan tontos unos como los otros de cualquier otra ciudad... bueno ¡claro! ¡de repente el progreso! ¡la luz! ¡el agua! ¡el desagüe! ¡el aire acondicionado! si faltan esos servicios será como volver a las cavernas —pero si existen como existen ahora es porque el hombre sigue siendo el mismo animal de siempre un ser aburrido y aburridor que enciende su fuego en su cueva y cocina y se calienta y duerme y/o no se despierta más...

[ESTOICO, POR SEGUNDA VEZ]

Aunque no nos movamos de un mismo punto o lugar de la esfera terrestre el globo girará siempre unos cuantos grados imperceptiblemente... y ya no estaremos más en el mismo sitio o lugar del principio porque aunque estemos en apariencia en un lugar distinto al lugar del principio —¿entonces, para qué decir dónde estamos dónde estaremos? eso no nos debe de preocupar porque si satisfacemos nuestras necesidades más vitales... cualquier otra cosa es imposible lo importante es resistir... resistir ... resistir, «el mundo es de los que resisten» había dicho una vez Tolstoi...

(AGNÓSTICO)

Hay dos cosas que dios [que además no existe] no puede enten-
der: la teoría de la relatividad que le impide calcular lo incalculable
todo lo sido y lo que será en el universo [y no es una metáfora
decirlo] así como calcular las turbulencias que como se sabe son
incalculables... y eso simplemente lo descalifica para poseer tal títu-
lo que no sé si son de gloria o epifanía inventada por los hombres
al Poder pidiéndole a ociosos o inteligentes o a ambos de imponer
con discursos con tal de poder explicar lo inexplicable y así poder
dominar mejor a las poblaciones lo siguen intentando no sé si de
puro tercos o ignorantes o simplemente porque el Poder sólo puede vivir de las dominaciones...

«EN MI PRINCIPIO ESTÁ MI FIN» [ha dicho Eliot]
«EN NE SORTANT JAMAIS DU COMMENCEMENT, L'ON PARVIENT
A L'ACHEVEMENT» [sin salir jamás del principio,
se llega al fin, S.XI [verso sufi]

TRES

QUADERNAS

AQUÍ DONDE EL HIELO

Y LA JUNGLA FUERON UN DÍA IDÉNTICOS

LA PRIMAVERA ES BREVE

Charles Olson

YO SOY UN FAMOSO DESCONOCIDO INUNDADO DE HONORES

UN ESCRITOR NO DEBE PERMITIR QUE LO VEAN

SI TE VEN ESO SÓLO SIGNIFICA QUE HAS PERMITIDO

QUE TE VEAN

Cocteau

QUADERNA QUINTA

REFLEXIONES HELADAS

ALTOS RELIEVES LOS ESCUDOS

TITANIC SITE	SAMSON SITE
(41* 44 N., 49* 57 W)	(4I* 52 N., 50* 15 W)
frente a las costas del mar de	frente a las mismas costas un
Terranova un trasatlántico de luxe	barco carguero cazador de focas
de pasajeros de 1ra., 2da., y 3ra.	¿o barco contrabandista?
14-02-I912 al mando del	el 14-02-1912 al mando
del Capitán Smith	del Capitán Naess

Cincuenta años después recién se supo que el *Samson* había estado más cerca del *Titanic* que ningún otro barco aquella noche y lo había visto brillando en la noche muy cerca a una cuatro millas. Más cerca que el *Californian* que creyó que eran fuegos artificiales celebrando el viaje inaugural. El capitán noruego Naess confesó poco antes de morir en 1962 en Oslo, que se enteró recién de la tragedia del *Titanic* cuando recaló el *Samson* bajo su mando en Islandia. Agregó que había recibido las señales pero que no se acercó por estar en aguas norteamericanas y temer que fuera las señales de un barco vigía o guardacostas y él ordenó alejarse a toda máquina [lo que hace pensar que en vez de focas transportaba contrabando].

ARRECIFES

CUANDO LLEGAMOS EL MAÍZ ESTABA CRECIENDO Y HABÍA FUEGO EN la cocina. Destruimos todo y matamos cuanto hay y cuando VOLVIMOS EL MAÍZ ESTABA CRECIENDO Y HABÍA FUEGO EN LA COCINA

campesinos en Centroamérica

—CORTEN LA CABEZA DE LA SERPIENTE Y EL CUERPO MORIRÁ
—¡PERO CÓMO CORTAMOS LA CABEZA A UNA IDEA!

¡ESCUCHEN! —SUSURRÓ ANN.

—¿QUÉ OYES? —MURMURÓ DENHAM.

ANN SACUDIÓ LA CABEZA Y SIGUIÓ ESCUCHANDO. LA VOZ JOVEN Y NERVIOSA DE JIMMY LLEGÓ SÚBITAMENTE DESDE LA TORRE DE VIGÍA

—¡ROMPIENTES!

—¿A QUÉ DISTANCIA? —GRITÓ DRISCOLL.

—¡EXACTAMENTE DELANTE!

(...)

SE OYÓ EL ESTRUENDO DE LOS MOTORES EN RETROCESO. SÚBITAMENTE EL *WANDERER* QUEDÓ INMÓVIL. TODOS PRESTARON ATENCIÓN.

——NO SON ROMPIENTES —DECLARÓ DRISCOLL CONTUNDENTEMENTE.

—SON TAMBORES —MURMURÓ ENGLEHORN CON RENOVADA PLACIDEZ.

A POCA DISTANCIA, A MENOS DE QUINIENTOS METROS, UNA ALTA ISLA BOSCOSA, CON UN PROMONTORIO SEMEJANTE A UNA CALAVERA, SE EXTENDÍA HACIA LA NAVE COMO UN LARGO DEDO CUBIERTO DE MATORRALES. ARENA Y ROCAS.

«KING KONG», Lovelace

[UNO]

El Silencio como un gran trasatlántico brillante que pasara tachonado de luces de la proa a la popa de estribor a babor / un árbol de pascua que cruzara el mar la línea equinoccial frente al Callao che bellezza de barco como de tarjeta postal de tan esplendoroso que es casi nos ciega casi nos arroba nos paraliza hasta nos ofende de tan perfecto que es casi nos humilla aunque nada en él nos desdeña... inacabablemente su belleza surca los mares ¡jamás seremos como él!

El siempre exigió lo mejor de sus tripulaciones — el ser humanamente indiferente y diferente a la vez que diestros no sólo en ardides para comunicar con los cielos [como los asirios los egipcios los helenos los quechuas los sicanes los sipanes los mochicas los chimúes los mayas donde nadie navega sin hacer pagos u ofrendas a la tierra a sus aguas cochas altas y bajas de cualquier tamaño...] — sino las vorágines que todo lo devoran los devorarán a su vez...

El Silencio resonando fragorosamente como un cataclismo o un tsunami — son los ruidos de la pluma de oca con que escribo esto que escribo mientras que los arpones han venido a mi lado muchos mirlos y águilas han surcado los aires como puñales aún cimbreantes han venido a descansar a mi lado... — entonces escribir se vuelve una defensa [y un ataque] una actividad incesante para repeler los ataques de los salvajes tiempos... — cuando mi mano hunde la pluma en el tintero es el Mar Negro que se remueve como una malagua viscosa y urticante en el poco de realidad que nos toca mientras el Mar Rojo de la sangre en la que cada día nos bañamos como un río sigue su curso alumbra algunas de las pocas cosas que poseemos y el poco de lugar que obtenemos...

El poder de simulación el poder de disimulación los poderes de metamorfosis las transformaciones ante los riesgos de las repeticiones aún a riesgo de parecer cacofónicos el mar es cacofónico los arrecifes y rompientes son cacofónicos el mundo entero ladra cacofónicamente es cacofónico el invierno las piedras que caen las cosas del amor el teatro humano el cine la TV no deja de serlo nunca todas las cosas que se repiten las muchas formas de ver de oír y de pensar y de actuar y de asesinar son cacofónicas de urdir intrigas para derrocar algo a esos bancos de arena esos escollos inadvertidos bajo el agua donde nos estrellamos siempre cacofónicamente las arenas movedizas los catafalcos unos encima de otros a manera de escaleras ¿es que alguien podrá creer que así se puede subir al cielo? esas peñolerías inacabables como esos peldaños actúan cacofónicamente como las aún no citadas fieras excitadas por la carne la nuestra al advertirla y que aparecen en cambio de zopetón inadvertidamente y nos muestran sus dientes para comenzar pero yo nunca sé bien por qué las mujeres no son cacofónicas o no lo son tanto como lo son los hombres siempre guerreros belicosos combatientes consuetudinarios cacofónicos de las guerras mucho de sus hijos armados hasta los dientes se apretujan en los muelles en constante riesgo de caer al mar donde todo sabemos bien les espera un iceberg de colosales dimensiones...

Pero todos tratan de alcanzar y ocupar el siguiente barco que pase y si se caen o se estrellan eso también va a suceder cacofónicamente...

[TRES]

Hielos al norte hielos al sur hielos al sudeste al nororiente al este hielos por todas partes al sur ecuatorial al centro mismo de todas las frondosidades de las desavenencias de las fauces del mar tan llenas de incontinencias los copos o granizadas caen sobre las cabelleras de las calles golpeando sin piedad las casas hundiendo sus techos los barcos se hunden vencidos por tanta nieve lejos de las costas... ¡son las heladas..!

Y vamos por el mar como ovejas aterrorizadas camino al matadero sin mayores apelaciones ni puertos de refugio — hambrientos esquilados y esquilmados al parecer nada nos puede salvar del holocausto siempre querellándonos sin haber tenido mayor parte vamos como gatos mostrencos o gatos flacos deslizándonos por parajes donde moran el ruiseño risueñor junto con el agrio el que se molesta siempre tratando de salvarse de tantos energúmenos que no andan en vano por todas partes...

[CUATRO]

Y uno va de bandazo en bandazo de página en blanco en página en blanco sobre espumas de un mar que jamás termina de pasar... V.g. el dilema hamletiano del autor novel que arrojado intempestivamente a los espacios cósmicos siente que no atina a vislumbrar dónde empiezan los viajes o dónde terminan éstos viajar es lo que cuenta todo lo demás es avizorar a ciegas o marchar barco al garete errante bajo las estrellas con cartas de navegación o sin ellas la obsesión del viaje y la obsesión por huir por escapar o por responder a las afrentas recibidas por las usurpaciones que están por todas partes aunque digan los usurpadores que lo han hecho por amor por bondad por generosidad nuestros seres queridos están por ahí tirados... ¡los cielos claman! ¡venganza!... ¡yo elegí no guerrear! ¡yo elijo guardar silencio! ...¡Jamás la venganza!... Pero ella siempre sigue ahí... ¡acicalándose!...

[CINCO]

Cuando el hombre pobre indefenso pusilánime y/o atemorizado e impotente a la vez que enfervorizado sólo desea ser pronto decapitado de una vez por todas porque sus dudas y sospechas de ser otra de las próximas víctimas de algún victimario loco que ande suelto por ahí se han acrecentado y entonces sus temores al no suceder sólo las acrece más... [¿paranoia la llaman los sabios legos?] ya no se puede vivir así mañana tarde y noche huyente fugitivo de alguna decisión sea fundada o no la que sea yendo o huyendo de casa en casa clandestinamente... de pueblo en pueblo cambiando de nombre tomando diversos transportes casi todo el tiempo hombre barómetro hombre meteorólogo viviendo entre heterónimos ya desaparecidos algunos por voluntad propia...

[SEIS]

Y después de haber reunido figuras de ciertas configuraciones de sombras como cosas sólidas como dijo Dante formando objetos para recortar como figuras móviles del mar para armar y amar muy lejos de las estimas o ambiciones que a inmóviles como yo enloquecen tanto sólo cabría entonces el desdén o la indiferencia por esas otra configuraciones de los demás pero ni eso nos podrán salvar de estos tiempos del Terror a las Decapitaciones en el mejor estilo Robespierre-Revolución Francesa actualizadas con los figurinistas últimos modelos light cada año...

[SIETE]

Las configuraciones de todos esos mundos-cuna-mundos-sepul-
cro están ahí siempre como atisbando prestos a saltar sobre sus
presas son las palabras que tanto aterrorizó a Mallarmé de la escritura en la escritura de la literatura en la literatura de la lectura co-
rrecta en la lectura como hermosura como verdad pasando por la
garganta por el estrecho paso de la glotis musical y rocallosa verdad y belleza iluminada por la plenitud del cerebro... pero nunca se
dejan de decir tantas sandeces ni se van a dejar de decir porque
algún poeta del mundo así lo quiera y menos ahora que mentes
dementes están dispuestas a lo que sea sobre todo para decir que
no es menester saber nada de nada para decir algo de algo porque
a nadie le importa nada de lo que decimos y menos aun lo que se
diga o se deje de decir sobre algo... sobretodo ahora que ya están
contadas las campanadas las postreras del último siglo año de la
bestia 666 o 999 al revés...

[OCHO]

Y frente a los absolutismos de las formas... el paso por la garganta estrecha abisal de la glotis oscura al fulgor de la página en blanco
así como quien baja al centro de la tierra con la ridícula luz de
alguna linterna a la vez que el piloto errático sueña con elevarse a
los cielos... a hacer acrobacias para poder arrancar músicas ahí
donde otros sólo usan la voz con violencia para oralidades...

Y volver las oralidades inscripciones sobre el blancor del papel al
ser hollado y fraguado por el negro de la escritura [en Occidente es
el acto oteliano sin duda de energía vital sobre Desdémona siempre
virginal] ay y son los celos de los literatos los que entonces campean ante los cuales los conjuros o exorcismos no bastarían...
seríamos acusados de todos modos de asesinato o más bien hasta
de criminal estupro...

[NUEVE]

De ser un Frankenstein en los sótanos del cerebro sobre las to-
rres ventosas ventanas y balcones de las habitaciones de algunas
casas de los hemisferios del cerebro andando por baños y cocinas
actuando veladamente sobre el himen encantador de la celulosa...

Esto sucede cuando se quiere ser no sólo el ácido revelador —después del fijador— y no ser otro de los cómicos de la legua y de la
lengua que mimando y minando las pocas bellezas y verdades del
mundo que han sido y seguirán siendo...

Esto sucede cuando palabras positivadas tratan de ser blanco sobre
negro fueron los secretos deseos de Mallarmé siempre renovados
poder escribir blanco sobre negro en el firmamento como lucen
sobre el cielo las constelaciones de estrellas conformando figuras
para que puedan navegar sobre el mar los marineros...

[DIEZ]

Las ansias de justicia y de verdad impelen a veces a la mano que torna a volverse garfio uña puñal espada garra piedra que se dispara sola... y no se aquieta la ira que se incuba sólo por ovar pajarracos...

— ¡Pero ¿qué hacen ahí tantos icebergs tantas veces canónigos cómicos? ¿Cómo han podido escenificar nuestros más secretos afanes?... ¿o los icebergs en gran parte somos nosotros mismos nosotros y los otros? ¿y los barcos también somos nosotros y los otros?

(¿O sólo dijo algo LA VOZ? — porque queramos o no queramos cada quién tiene un padre usurpador y/o usurpado que reclama algo al hijo a veces imperativamente que le haga justicia y hagan algo por su perdido honor)

ONCE

La página en blanco... desde la infancia vinieron los traumas los temores los terrores a la página en blanco... las famosas tareas o planas que deja el profesor por hacer... hay niños que hasta se suicidan ante lo ignoto... que equivalen realmente a una ocupación [¿civil-militar?] del territorio enemigo ¿la página en blanco?

Pero esas cosas vistas así no podían preocupar a Mallarmé simbolista luchando a finales del XIX dentro del contexto francés contra los parnasianos con su gran amigo Villier de l'isle Adam y contra la gran burguesía francesa ociosa y galante de hace cien años que detestaba el arte... o propiciaba el falso «arte por el arte» como lo supremo... la forma por la forma...

[DOCE]

«Donde termina el sentido, comienza la realidad» ha dicho Lacan pero también ha dicho *«que no hay sentido del sentido pero sino hay sentido del sentido al menos éste está siempre allí como esperando»* —porque si hay negación de la negación por necesidad de selección y/o afirmación en cambio nada nuevo informa la afirmación de la afirmación porque la afirmación tan sólo haciendo una repetición a lo sumo dando una constatación sólo esta ahí dando un sentido el mismo diferente a la negación que da diversos sentidos

Porque sin negaciones y afirmaciones no habrían interpretaciones... y por eso son tan importantes las direcciones y las distancias y por eso son frecuentes los malentendidos humanos oposiciones contradicciones malinterpretaciones bien intencionadas o malintencionadas... al final del día en apariencia lo más perfecto se puede vivir la imperfección humana más atroz o terrible y uno casi morirse de la pena...

Pero las afirmaciones y negaciones siempre siguen ahí en la realidad esperando que decidamos para dar sentido a cualquier sentido y finalidad a algún sentido desde el correcto hasta el sin sentido incorrecto ya que sin negaciones y afirmaciones verdaderas o no en parte erradas en parte correctas y todas sin excepción son ficcionadas en la mente aún las verdaderas. Sin ellas no habrían INTERPRETACIONES ILUSIONES SEDUCCIONES: v. g. no habrían arte teatro literatura novela cuento pintura música danza... ni realidades diversas...

[TRECE]

Uno se sigue preguntando por la visión binocular del ojo humano por el milagro de esos dos huecos vivientes en una cuasi esfera craneal como dos pájaros prisioneros en una jaula conteniendo una cámara óptica de dos lentes ópticamente rudimentarios sino fuera por las metamorfosis que el cerebro hace con las imágenes cada vez que se le requiere de ahí las fantasías que instintivamente pasan por gradaciones adecuaciones gamas distancias en progreso cerca lejos arriba abajo a los lados encima debajo etc. en constantes adecuaciones-inadecuaciones esa continua adecuación educación cultivo cultura del ojo humano...

Y siempre avizorando [mejor llamémosle urgencias deseos necesidades locuras] el ser del ser del ver del estar del querer del poder del desear entre vértigos y demás percepciones del sentir a través de milenios... — el mono ve bien de cerca pero no ve bien de lejos ve desenfocado o desfocalizado no tiene un ojo educado... tiene una visión en paralaje porque sólo vive de los frutos a su alcance y terminados estos se van a otro lugar sólo ve lo que quiere y no ve más...

—entonces ¿esas adaptabilidades del nervio óptico y conductos auditivos musicalizados que hace el cerebro humano en conexión con todos los conocimientos humanos pueden ir cada vez más lejos? [¿lo pueden ser sólo para chismes y charlatanerías?] —esas adaptabilidades también sensibilizan los oídos y los ojos a ser tres el ojo del cíclope cuatro el ojo en el occipucio los mil ojos de la imaginación más las visiones electrónicas especie de prótesis técnicas a las ecualizaciones del oído en frecuencias de x decibeles y vista de x dioptrías para oídos y ojos cada vez más sutiles cada vez mejor educados en nuances en biombos en veladuras y direccionalidades...

[CATORCE]

Conocemos apenas unas cuantas cuadras o calles de un barrio denominado tierra el barrio en el que nacemos y vivimos la edad del aprendizaje que es toda la vida frente al universo que es comparativamente infinito frente al tamaño del Perú...

—conocemos apenas la puerta de la casa del vecino Sol algo de la casa de la vecina Luna y otros seres astrales del vecindario [sólo de vista por algunos pocos toqueteos sólo por vías satélites...]

Y todas esas adaptaciones del nervio óptico y los conductos auditivos de las trompas de Eustaquio haciendo de las suyas con el conocimiento musical y por supuesto todos los chismes y charlatanerías de los humanos y volviendo al ojo dos ojos al oído dos oídos los reyes de los sentidos ¿y el gusto? ¿y el olfato? ¿y el tacto? para apreciar cada vez más las formas ver mejores siluetas mejores contornos trasparencias nimbos halos auras clámides cumbres nevadas simas hoyos profundidades concavidades profundidades textu-

ras espesores urdimbres calidades tramas figuras relieves alturas convexidades grosores delgadeces tramas entramados perfiles sesgos siluetas sombras celajes fosforecencias claridades opacidades volúmenes rectas curvas contracurvas pliegues despliegues vuelos revuelos caídas ondulaciones encrespamientos vórtices ascensiones descensos caídas lisos ásperos corrugados granulados pastosos biselados montículos cimas montañas dunas témpanos etc. etc. etc.
— así como poder saber cuando un vestido es fucsia o anaranjado o ámbar o violeta o gris hollín o un vestido de bautizo o de nupcias o de difunto o de bodas un vestido de gusano de seda o prenatal o escolar o deportivo o de ceremonial o folklore o ritual a una divinidad — distinguir una deidad griega de un concurso en Cancún o Nueva Delhi o una deidad etrusca de una persa o chimú una tarta de chocolate de un pastel de fresa de un pastel de choclo o un relámpago o caballeros pobres frijol colado ranfañote de las mazamorras de chancho de chancaca morada arroz con leche arroz sangüito etc. etc. etc...

O ver si alguien sale de la casa de una mujer amante o marido o amigo cantando «*Panis angelicus*» «*Flower song*» «*Acércate más*» «*Bésame mucho*» «*Te extraño*» «*El hombre que yo amo*» «*Amor amargo*»

QUINCE

Pero de todo esto no se puede inferir que ser un visionario es ser alguien lleno de un mundo o universo de aproximaciones en un mundo humano o ser un poseso poseído por sus pasiones... — El hombre sólo ve real-virtual prácticamente cuando construye reconstruye presenta representa compone descompone recompone arquitecturiza lo visual con lo auditivo en infinidad de experiencias del cuerpo puntos de vista recursos posicionales y composicionales o pasionales a la par que en pensamientos que oyen y ven todo el tiempo cosas bajo formas de elocuciones perlocuciones hiperlocuciones diálogos monólogos soliloquios los mundos de los antes los durante los después como dentro de una summa teológica que es el mundo que nunca termina de actualizarse por cada hombre que nace y mujer que nace y que sólo terminará con el último hombre de la especie cuando ésta desaparezca...

Ojos de buey se permiten decir bovinamente que los cinco sentidos son nuestros trasatlánticos modernos con luz propia y aire acondicionado poseyendo comparativamente parecidas clarividencias
parecidas a la de Tiresias que comió de la serpiente bicéfala hem-
bra-macho y/o macho-hembra para poder poseer saber sabiduría
de todos lados por todos los lados, única manera de poder descifrar
los antes-los durante-los después / los pasados-presentes-futuros
por inextricables que parezcan — nada le era ajeno todo podía
serle misterioso en el universo y en la tierra misteriosa que suele ser
para cada especialista su especialización que le permite abrir las
cajas más inexpugnables entrar a los recintos más salvaguardados
por la naturaleza o el hombre abrir ventanas y puertas de entrada o
de salida formas de realidad / irrealidad en nombre de las ciencias
y las artes... ¡brujerías! ¡embrujos!...

No falta quien en vez de abrirlas las cierren en aras de la produc-
ción-productividad —ready made— son estos los tiempos de la conservación de realidades prefabricadas y cambiantes siempre dadas

en conservas por cortes de tecnología matemáticamente calculados con volúmenes definidos [aunque no definitivos salvo en los rubros perecibles como alimentos] bajo las especies de envasados de conservas de enlatados de embotellados de encapsulados listos para ser horneados o recalentados y para servir al instante por porciones exactas de comensales (2, 3, 5, 7, 10, 13 personas)

Y entonces la Gran Digitación la Gran Prestidigitación la digitación de los ordenadores del mundo entero esa especie de ruido cósmico corpuscular como de abejorros que son los dedos a la escritura en el mundo tierra — un ordeñar de vacas mundial de lecherías a altas escalas donde los chorros de escritura caen por todas partes casi nos ahogan ríos de leche de destellante escritura cruzan los mares las montañas y son innumerables los establos del sonido y de la carne de la sangre y el alma ¡leche como la de los dioses! ¡escrituras como las de los dioses! ¡leches! ¡leches! ¡leches!

[DIECISIETE]

Una de las peores enfermedades del mar es la llamada «ceguera del capitán» — esta se produce por el activo e intenso trato casi promiscuo que ocurre con el blancor del mar las noches de luna llena cuando hay tormenta la luz espectral del mar a la luz lunar destella el mar montañas de pura leche suben y bajan y todo se vuelve empavorecedor la pura agitación del mar también en los mediodías la luz blanca del sol tanto fulgor junto puede terminar por quemar las retinas y los vientos salobres quemar hasta lo más hondo los ojos cocinarlos prácticamente suazarlos y quedar ciego el Capitán...

¿Y qué otras cosas pudo ver el Capitán antes de irse a dormir que lo paralizaron por completo? ¿cansancio y/o desgaste profesional? que siempre está ahí como embozado tricornio con su capa tapándose el rostro ¿quién será? ¿el pérfido el traidor el sicario tal vez el encaretado tras el portal bajo el pórtico tras la columna al acecho o a la entrada de algún istmo o estrecho o cabo son la Envidia los

141

Celos y la Traición —siempre juntos— que ha encontrado el momento al fin para ultimarlo todo liquidarlo de una buena vez algo sólo visible para algún funcionario de protocolo burócrata a la cacería que llamaremos el vil ultimador — él nos visita ceremonioso escondiendo bajo su capa su daga su dardo su estilete su pócima con el polvo del veneno en su recamado anillo presto a dejarlo caer sobre nuestro vaso o charola... — es alguien que está ahí como agazapado en la oscuridad en la penumbra vana de la secreta alcoba del camarote del Capitán del castillo de popa — Y yo a todo ello le digo NIHIL a cambio de tantos cuidadosos descuidos yo le hago una figa... a ese algo que sentimos que está siempre ahí como burlándose y burlado por nosotros como en la tauromaquia el toro que sabemos derrota todo el tiempo esperando cogernos pero que hacemos finta de no hacerle nunca caso por temeridad o por valentía o por arte porque habiendo llegado hasta allí no hay razones para atender a razones de hastío o aburrimiento o impotencia o enfermedad o melancolía y menos aún por ociosidad sólo la muerte o la cornada que llega por negligencia punible o estupidez... le puede dar la ventaja al toro... el arte siempre sobreentiende las sombras y la victoria de la luz sobre la oscuridad...

[DIECIOCHO]

El segundo de a bordo (que nunca es optimista ni jamás lo será) dice que no hay barco insumergible sobre el mar — que tarde o temprano mas bien temprano que tarde todo lo que flota se hunde y todo lo que vive muere sufre daño o avería o pudrimiento o corrupción o contaminación...

Saltan las pinturas aun las más anticorrosivas los barnices más diversos los engastes los aceites pierden fluidez se deforman los huesos los aceros se craquelan los marineros padecen de arrebatos violentos por tanto vaivén del mar pierden a veces un brazo o una pierna por alguna mala maniobra...

Rotas las hélices cortada a veces la electricidad el barco no va más los hielos siguen haciendo su paciente trabajo el barco mismo ha duplicado su tamaño desde que empezó el invierno parece un fantasma gigante un hielo enorme —mitad naturaleza congelada mitad sociedad helada mitad historia del rigor mortis y mitad cultura hoy día *cool* o *fresh* son las cuatro mitades de un enorme globo de aires de jactancias y soberbias que es la tierra mientras que adentro los pasajeros saltonean enloquecidos con partes de sus osamentas quebradas o quebrantada su salud a veces se sienten como rodeados de una peste inexplicable que les hace saltar los ojos hacia afuera o torcer la boca de fea manera dicen que puede deberse a un contagio con el último pasajero que subió sin pagar pasaje ni separar camarote y se alojó en uno de los mejores camarotes del barco lo más lejos posible de oficiales tripulantes y grumetes...

Alguien que le vio pero no supo dar más claros informes dijo años después antes de morir porque se lo había jurado haber visto a un loco dirigiendo autoritario cada uno de los movimientos del barco esa noche en una temperatura bajo cero... — navegando en dirección al iceberg o gigantesco hielo como si el timón estuviese roto o paralizado o trabado por alguna fuerza superior desconocida... él parecía en cambio actuar como un pelele feliz bailando delante del timón un baile desenfrenado y liberador...

DIECINUEVE

Otras enfermedades pasajeras (¿pasajeras?) eran esas enfermedades mal llamadas del cuerpo o naturales sumamente productoras
de escozores esas infecciones llamadas «conjuntivitis coralina» u
«orzuelo blanco» con pus de ese color u «orzuelo rojo» con pus y
con franco enrojecimiento o enorme inflamación y también estaba
ese «orzuelo negro» con pus y una inflamación muy oscura casi una
tumefacción parecería que estamos presentando un desfile de modas del día o como esos libros llenos de láminas de enfermedades
que me dejan paralizado a veces — o me dan una ceguera parcial
que hace ya de por sí una visión devastadora casi una visión aborre-
cible por lo terrible... O esas otras rarezas más moderadas llamadas
vulgarmente «golpe de aire» «le cayó el sereno» «chalazión o febris»
que son las nubes o las cataratas o esos achaques de viejos que ya de
por sí dan una visión tan precaria y limitada de lo que es un cuerpo
provecto o decrépito... ¿cómo se llamará a veces a eso? — ¿estupidae?
¿imbecilitas? ¿demencia precoz o demencia senil? ¿puer senex
volubilitas? ¿impuditia? ¿falacitas? o ¿estafilococos dorados?

[Y FIN]

Y todo se iba cocinando a la intemperie a fuego lento entre los
rescoldos que da la vida cuando se va apagando dejamos la vida
que es el océano porque el inconsciente que es un océano lo llena
y lo baña todo y funciona como una lengua sin ser una lengua
porque son signos de los que apenas si sabemos y apenas se los fija
se congelan como hielos pero no es una lengua sólo tiene sus formas —formas de turbulencias o no-formas— y cada consciente
navegador navega en él como puede pescando o buscando huellas,
indicios, rasgos, trazos que son los lenguajes... icebergs a la deriva
continentes a la deriva... las palabras fantasmas se hielan helados
hielos [v.g. que tallamos para adornar las mesas del buffet de los
matrimonios del cielo con el infierno]

Y en tanto el Capitán se ha ido a dormir sin mayores aspavientos...
¿O es que acaso nunca deben de dormir los Capitanes?

QUADERNA SEXTA

ESE TEJIDO NO LO EMPEZASTE TÚ

Y NO SERÁ TUYA LA PUNTADA FINAL

oído en alguna parte

UN VAGABUNDO LE DICE A OTRO: HABLAR FRANCÉS ES FÁCIL,

CABALLO SE DICE *cheval* Y ASÍ ES TODO EL RESTO...

Storm P.

ÁRTICOS Y ANTÁRTICOS

Sé que cuando he querido escribir, he hecho fracasar mis palabras.

Eso es todo, escribir es impedir al espíritu que este se desenvuelva entre las formas como una vasta respiración ya que la escritura fija al espíritu y lo cristaliza en una forma, y de la forma nace la idolatría.

El habla por esto es un fango o un lodazal.

Artaud

Astir, estrella visible sólo desde el Polo Norte, le da el nombre de Artico, y el Polo Sur por ser su opuesto a las antípodas devino en Antártico

«Homenaje a Artaud *(1896-1948)*
A los *50* años de sus *Poemas Póstumos*»
(1947-1999)

PENSER, AVANT DE LA PENSEE
(fragmento)

Pues no se trata justamente de saber si la vida no es alcanzada por una descorporización del pensamiento con la conservación de una parcela de conciencia, así como tampoco de saber que la proyección de la conciencia sea un indefinible fuera de sí con una estricta conservación del pensamiento. No se trata entonces que este pensamiento se juegue en falso, que sea irracional, se trata mas bien de que se produzca, que arroje fuegos, incluso locos.

Se trata de que exista. Y yo pretendo, yo entre otros, que yo no tengo pensamiento.

[...]

Y porque yo alego no tener pensamiento, ni ver justo y menos decir pensar justo, tener pensamiento será entonces para mí mantener el pensamiento y estar en estado de manifestarlo a uno mismo y que él pueda responder a todas las circunstancias del sentimiento y de la vida. Pero principalmente responder a uno mismo.

MIS AMIGOS, YO NO LOS HE VISTO NUNCA COMO YO, LOS HE VISTO LA LENGUA COLGANTE Y EL ESPÍRITU HORRIBLEMENTE ATRASADO. SÍ, MI PENSAMIENTO SE CONOCE Y DESESPERA ENTRETANTO DE SER ESCUCHADO. SE CONOCE, QUIERO DECIR SE SOSPECHA; PERO EN CUALQUIER CASO, NO SE SIENTE MÁS. — YO HABLO ENTONCES DE LA VIDA FÍSICA, DE LA VIDA SUSTANCIAL DEL PENSAMIENTO (Y ENTONCES ES AFUERA QUE YO ALCANZO EL SUJETO DE MI PENSAMIENTO), YO HABLO DE ESE MÍNIMO DE VIDA PENSANTE Y DEL ESTADO EN BRUTO, — QUE NO HA LLEGADO A PALABRA, PERO ES CAPAZ DE LLEGAR SI ES NECESARIO, — Y SIN EL CUAL EL ALMA NO PUEDE MÁS VIVIR, Y LA VIDA ES COMO SI NO ESTUVIERA MÁS ALLÍ.

LOS QUE SE COMPLACEN CON INSUFICIENCIAS DEL PENSAMIENTO HUMANO Y DE SU PROPIA IMPOTENCIA SE SASTIFACEN LLAMÁNDOLE PENSAMIENTO, SE CONFUNDEN Y PONEN EN UN MISMO PLANO ERRÓNEO ESTADOS PERFECTAMENTE DIFERENCIABLES DE PENSAMIENTO Y DE FORMA, DONDE EL MÁS BAJO NO ES MÁS QUE PALABRA, EN TANTO QUE EL MÁS ALTO ES TODAVÍA ESPÍRITU.

[Traducción Pablo Guevara]

CARTA A PIERRE LOEB (*)

LOS TIEMPOS EN LOS QUE EL HOMBRE ERA UN ÁRBOL

SIN ÓRGANOS NI FUNCIÓN, PERO ÁRBOL DE VOLUNTAD

Y ÁRBOL DE VOLUNTAD QUE MARCHA

ESOS TIEMPOS VOLVERÁN.

PORQUE LA GRAN MENTIRA HA SIDO HACER DEL HOMBRE

UN ORGANISMO

INGESTIÓN, ASIMILACIÓN, INCUBACIÓN, EXCRECIÓN,

ESO QUE HA SIDO CREA TODO UN ORDEN DE FUNCIONES LATENTES

QUE ESCAPAN AL DOMINIO DE LA VOLUNTAD

　　　D-E-L-I-B-E-R-A-D-O-R-A

LA VOLUNTAD DE DECIDIR POR SÍ A CADA INSTANTE

PORQUE ASÍ ERA ESE ÁRBOL HUMANO QUE MARCHABA,

UNA VOLUNTAD QUE DECIDÍA ANTE SÍ A CADA INSTANTE

SIN FUNCIONES OCULTAS, SUBYACENTES, REGIDAS POR EL INCONCIENTE.

DE AQUELLO QUE FUIMOS Y QUE TANTO QUISIMOS (SER) NADA QUEDA

UN POLVO ÍNFIMO SOBRENADA,

Y EL RESTO, PIERRE LOEB, QUÉ ES?

UN ORGANISMO A INGURGITAR

PESADO DE CARNES,

QUE EXCRETA,

(**)   Poema póstumo de Artaud escrito en el Sanatorio de Ivry,
       el 23 de abril de 1947

Y EN CUYO CAMPO,

COMO UNA IRISACIÓN

LEJANA.

UN ARCO IRÍS DE RECONCILIACIÓN CON DIOS,

SOBRENADA,

NADA

LOS ÁTOMOS PERDIDOS,

LAS IDEAS,

ACCIDENTES Y AZARES SON EL CONJUNTO DE TODO UN CUERPO

QUÉ FUE BAUDELAIRE,

QUÉ FUERON EDGAR POE, NIETZCHE, GERARD DE NERVAL?

«UNOS CUERPOS»

QUE COMIERON

DIGERIERON

DURMIERON

RONCARON UNA VEZ CADA NOCHE

ORINARON

ENTRE 25 Y 30,000 VECES

FRENTE A 30 O 40,000 COMIDAS

40 MIL DORMIDAS

40 MIL RONCADAS

40 [MIL] BOCAS CERRADAS Y AGRIAS AL DESPERTARSE

PUDIERON PRESENTAR CADA UNA 50 POEMAS,

REALMENTE NO ES DEMASIADO,

EL EQUILIBRIO ENTRE PRODUCCIÓN *MÁGICA*

Y PRODUCCIÓN *AUTOMÁTICA* ESTÁ MUY LEJOS DE MANTENERSE,

ESTÁ ABSOLUTAMENTE ROTO,

PERO LA REALIDAD HUMANA, PIERRE LOEB, NO ES ESO.

NOSOTROS SOMOS 50 POEMAS,

EL RESTO NO ES NOSOTROS SINO LA NADA QUE NOS VISTE,

SE RÍE PRIMERO DE NOSOTROS,

VIVE DE NOSOTROS ENSEGUIDA.

ADEMÁS ESA NADA NO ES AHÍ NADA,

NO ES CUALQUIER COSA,

SON ALGUNOS...

YO DIGO ALGUNOS HOMBRES.

UNAS BESTIAS SIN VOLUNTAD NI PENSAMIENTO PROPIO,

ES DECIR SIN DOLOR PROPIO,

SIN LA ACEPTACIÓN EN ELLOS DE LA VOLUNTAD DE UN DOLOR PROPIO,

Y QUE NO HAN ENCONTRADO OTRO MEDIO MEJOR DE VIVIR,

QUE FALSIFICAR LA HUMANIDAD...

Y DEL ÁRBOL CUERPOS,

PERO DE VOLUNTAD PURA QUE FUIMOS,

HAN HECHO ESTE ALAMBIQUE DE MIERDA,

ESTE TONEL DE DESTILACIÓN FECAL,

CAUSA DE PESTE,

Y DE TODAS LAS ENFERMEDADES,

Y DE ESE LADO DE DEBILIDAD HÍBRIDA,

DE TARA CONGÉNITA

QUE CARACTERIZA *AL HOMBRE NACIDO.*

UN DÍA EL HOMBRE ERA VIRULENTO.

TODO ÉL ERA NERVIOS ELÉCTRICOS,

LLAMAS DE UN FÓSFORO PERPETUAMENTE ENCENDIDO,

PERO ESO SÓLO HA PASADO EN LA FÁBULA

PORQUE LAS BESTIAS HAN NACIDO,

LAS BESTIAS,

ESAS DEFICIENCIAS DE UN MAGNETISMO PROPIO,

ESE HUECO DE CAVIDADES ENTRE DOS RESOPLIDOS DE FUERZA

QUE NO ERAN

ERAN NADA

DE NADA HAN DEVENIDO CUALQUIER COSA

Y LA VIDA MÁGICA DEL HOMBRE HA CAÍDO

Y EL HOMBRE HA CAÍDO DE SU ROCA IMANTADA,

Y LA INSPIRACIÓN QUE ERA EL FONDO

HA DEVENIDO EN AZAR, ACCIDENTE,

RAREZA,

LA EXCELENCIA,

EXCELENCIA TAL VEZ

PERO FRENTE A TAL CÚMULO DE HORRORES

QUE SERÍA MEJOR NO HABER NACIDO

NO ERA ESTE EL ESTADO EDÉNICO,

ERA EL ESTADO MANO DE OBRA

OBRERO OPERARIO

EL TRABAJO

     SIN REBABAS, SIN PÉRDIDAS,

DENTRO DE UNA INANARRABLE EXTRAÑEZA.

POR QUÉ ESE ESTADO NO SE HA CONSERVADO?

POR LAS RAZONES POR LAS CUALES

EL ORGANISMO DE LA BESTIA, HECHO PARA Y POR BESTIAS

QUE DESPUÉS DE SIGLOS LE HAN SUCEDIDO

VA A SALTAR.

EXACTAMENTE POR LAS MISMAS RAZONES.

MÁS INELUCTABLES ÉSTAS QUE AQUELLAS.

MÁS INELUCTABLE ES EL SALTO EN EL ORGANISMO DE LAS BESTIAS

QUE AQUÉL DEL TRABAJO ÚNICO

EN EL ESFUERZO DE LA ÚNICA E INHALLABLE VOLUNTAD

PORQUE EN REALIDAD EL HOMBRE ÁRBOL,

EL HOMBRE SIN FUNCIÓN NI ÓRGANOS JUSTIFICANDO SU HUMANIDAD,

ESTE HOMBRE HA CONTINUADO

BAJO EL REVESTIMIENTO DE LO ILUSORIO DEL OTRO,

EL REVESTIMIENTO ILUSORIO DEL OTRO,

ÉL HA CONTINUADO CON VOLUNTAD,

PERO OCULTO,

SIN COMPROMISOS NI CONTACTO CON EL OTRO.

Y AQUELLO QUE HA CAÍDO ES AQUELLO QUE HA QUERIDO RODEARLO

E IMITARLO Y PRONTO

UN GRAN GOLPE,

EN BOMBA,

REVELARÁ SU INANIDAD.

PORQUE UNA CARNADA DEBE CREARSE ENTRE EL PRIMERO

DE LOS HOMBRES ÁRBOL Y LOS OTROS,

PERO PARA LOS OTROS HA SIDO NECESARIO EL TIEMPO, SIGLOS

DE TIEMPOS PARA LOS HOMBRES QUE HAN COMENZADO

GANEN SUS CUERPOS

COMO AQUÉL QUE NO HA COMENZADO Y NO HA CESADO

DE GANAR SU CUERPO,

PERO EN LA NADA

Y NO HABÍA PERSONA

Y NO HABÍA COMIENZO

¿ENTONCES?

ENTONCES.

AHORA LAS DEFICIENCIAS SON NACIDAS ENTRE EL HOMBRE

Y LA ÁRIDA OBRA DE BLOQUEAR TAMBIÉN LA NADA.

PRONTO ESTE TRABAJO SE HABRÁ TERMINADO.

LA CAPARAZÓN DEL MUNDO PRESENTE.

BATIDO SOBRE LAS MUTILACIONES DIGESTIVAS DE UN CUERPO

QUE DIEZ MIL GUERRAS DESCARTARON

Y EL MAL

Y LA ENFERMEDAD,

Y LA MISERIA,

Y LA PENURIA DE LOS DESECHOS, OBJETOS Y SUSTANCIAS

DE PRIMERA NECESIDAD.

LOS MANTENEDORES DEL ORDEN DE LA GANANCIA

DE LAS INSTITUCIONES SOCIALES Y BURGUESAS

QUE NO HAN JAMÁS TRABAJADO

PERO HAN *ENTASADO* GRANO POR GRANO DESPUÉS

DE MILES DE AÑOS DE BIEN ROBADO,

Y EL MANTENIMIENTO DE CIERTAS CAVERNAS DE FUERZAS

DEFENDIDAS POR TODA LA HUMANIDAD

CON UN CIERTO NÚMERO DE EXEPCIONES TOMADAS

PRONTO VAN A ENCONTRARSE CONSTREÑIDOS A RENDIR

TODAS SUS ENERGÍAS

Y TENER QUE BATIRSE POR ESO

ELLOS NO PODRÁN NO HACERLO

PORQUE ESO SERÁ SU *CREMACIÓN* ETERNA DE RENDIMIENTO

QUE ESTÁ CASI AL COMIENZO DE LA GUERRA.

ES LA APOCALÍPTICA QUE VIENE.

ES POR ESO QUE CREO QUE EL CONFLICTO ENTRE NORTEAMÉRICA

Y RUSIA, AUNQUE FUESE CON EL DOBLE DE BOMBAS ATÓMICAS,

ES POCA COSA AL LADO Y FRENTE

A ESE OTRO CONFLICTO QUE VA

TODO DE GOLPE

A *FUSER* O ELEVARSE

ENTRE LOS MANTENEDORES DE UNA HUMANIDAD DIGESTIVA

DE UN LADO,

Y DEL OTRO

CON EL HOMBRE DE VOLUNTAD PURA Y SUS RAROS ADEPTOS Y

SEGUIDORES

PERO QUE TIENEN LA FUERZA

SEMPITERNA

CON ELLOS

[traducción Pablo Guevara]

NO HAY MUNDO(**)

NO HAY MUNDO

NI ÁMBITO INVISIBLE OCULTO

NI MUNDO DE ESPÍRITUS NI ESPÍRITUS,

HAY SIMPLEMENTE UN ESTADO ENTERRADO Y REMOTO,

UN *TRÁNSITO* O PARTIDA INVISIBLE DEL CUERPO HUMANO

DONDE EL ESTADO ORGÁNICO Y ANATÓMICAMENTE EXTERNO

ES EL ÚNICO ESTADO VÁLIDO Y RECONOCIBLE POR CUALQUIER CUERPO.

ESTA PARTIDA O TRÁNSITO INVISIBLE DEL CUERPO HUMANO

ES UN ESTADO DONDE NO SE PUEDE PERMANECER,

PORQUE ES EL VACÍO Y LA NADA.

Y QUEDARSE

ES *PERMANECER MUERTO*

EN LUGAR DE QUERER ESTAR VIVO,

DE BUSCAR *ESTAR VIVO,*

GANAR LA VIDA ETERNA,

ESE ESTADO DONDE NO PUEDE QUEDARSE,

QUE ES EL VACÍO Y LA NADA

ES UN ESTADO DEL CUAL UNO TIENE MUY BIEN QUE CUIDARSE

DE HACER O DE BUSCAR HACER VIVIR UN CUERPO

PORQUE ES EL D […]

EN CUYO ÁMBITO PASA TODO CUANTO HAY

(**) <Poema póstumo escrito en el Sanatorio de Ivry,
el martes 18 de noviembre de 1947>

DE VÁLIDO EN UN CUERPO

Y QUE NO ES EL ESTADO POLVORIENTO

O FLUÍDICO,

NI UN ESTADO QUÍMICO O FÍSICO, NI SIQUIERA

EL ESTADO AL-QUÍMICO

DE LOS *CUERPOS*,

NO ES UN ESTADO SENSIBLE Y ES PELIGROSO Y MORTAL QUEDARSE,

NO ES UN ESTADO *INSENSIBLE* TAMPOCO,

NO ES UN ESTADO IMPERCEPTIBLE

Y NO ES UN ESTADO PERCEPTIBLE

SINO EL ESTADO PERCEPTIVO,

Y NO EL ESTADO DE NO-PERCEPCIÓN,

ES EL ESTADO REPULSIVO,

NO ES UN ESTADO,

ES UNA *VOLUNTAD DE VACÍO,*

UNA VOLUNTAD QUE CREA EL VACÍO A SU ALREDEDOR

Y QUE SE CORRESPONDE CON LO QUE SE LLAMA

EL *POLVO* DE ETERNA RESURRECCIÓN,

ESE ES EL ESTADO AL QUE NO HAY QUE DEJARSE *FIJAR*

Y NO EN EL QUE

SINO A TRAVÉS DEL CUAL

FIJAR LOS AMBITOS DE CONCIENCIA QUE QUIERO DESTRUIR Y ELIMINAR

PORQUE NO HAY,

NO DEBE HABER CONCIENCIA

PORQUE NO ES UN ESTADO EN SUMA

SINO UN CUERPO,

ES UN GRADO DE CUERPO,

UN *ELIMINATORIO* DE TODO CUERPO

EL GRADO ELIMINATIVO (MIERDA)

EL TEMIBLE PASAJE DEL FUEGO VERDE Y NEGRO

QUE NO DEBE MOSTRARSE

PERO QUE A TRAVÉS DEL CUAL SE RECHAZA

EL VACÍO Y LA PLENITUD.

PS: ES UN HUECO QUE NO DEBE DE QUEDAR VACÍO

   Y POR MEDIO DEL CUAL, CON AYUDA DEL CUAL

   SE RECHAZAN CUERPOS CADA VEZ MÁS Y MÁS TERRIBLES

   Y *VACIANTES*

   DE LA PLENITUD

   ES EL GRADO DE VESTIMENTA DEFINITIVA

   QUE PERMANECE

   INVISIBLE Y QUE ESTÁ ALLÁ

   SÓLO VISIBLE

   CUANDO NO LO MIRAMOS

   ¿PODREMOS MIRARLO UN DÍA?

   ES EL ESTADO DONDE TODO SE LOGRA

   O ESTE TODO EN UNO MISMO

   EL TODO DEL DOLOR ABSOLUTO DONDE HAY QUE PERMANECER SOLO

   PERO *UNO MISMO*

   SOLO COMO UNO MISMO.

[traducción Javier Lentini / Pablo Guevara]

CUATRO

QUADERNAS

QUADERNA SÉTIMA

CHAPTER VIII

UNA BELLA EMBRIAGUEZ ME INCITA

—SIN EL MENOR TEMOR A ESTE CABECEO—

A BRINDARLES DE PIE ESTE SALUDO:

SOLEDAD, ARRECIFE, ESTRELLA

NO IMPORTA QUIÉN QUE HAYA VALIDO

EL BLANCO AFÁN DE NUESTRA TELA

Mallarmé

POR ENCIMA DE TODO, LO HUMANO

ENCONTRARÁ UN DÍA A LO HUMANO

Witold Gombrowicz

12

Enfrentar el tiempo con una tijera: la poesía tiene un límite
en el centro o en la periferia. El palacio de Agkor Vat está vacío
de millones de palabras. Un arroyo vecino se precipita
por un cauce de piedras talladas. Todas las ruinas silenciosas
   del mundo
forman un espacio ocupado por esta preocupación:
¿contra qué muro de hiedra concluyó la voz de Lezama?

¿En qué playa de arena negra cesó la voz de Góngora?
¿Qué frontera detuvo los ordenados alaridos
de los poetas suicidas de la Nueva Inglaterra? Nadie quiere
vivir aplicándose diariamente el sicoanálisis. Pocos quieren
vivir diciendo aquello que no pueden decir.
Lo demás en realidad no es muy interesante.

Miles de turistas tocan las piedras de Sacsahuamán
y recogen el calor de las alturas. Los visitantes de los suburbios
   del Cairo

PONEN SU VISTA EN PELIGRO MIRANDO DIRECTAMENTE A LA PIRÁMIDE.
EXPERIENCIAS QUE TIENEN UN LÍMITE: EL ALMA SE CANSA
RECORRIENDO EL PERÍMETRO DE UN ESPACIO RODEADO DE TIEMPO VACÍO,
AUNQUE UN BELLO ANTES PRODUZCA UN HERMOSO DESPUÉS.

EN ALGÚN PUNTO LA POESÍA ANUNCIA EL NAUFRAGIO, DICE LA TEORÍA, PERO
¿POR QUÉ ESOS POETAS CHINOS NO ENCONTRARON NADA MÁS BELLO
    EN EL FONDO
QUE SU PROPIA AMARGURA? LOS ESTADOS BUSCAN IMPONER DULCEMENTE
NUEVOS MONUMENTOS A LA HISTORIA: LOS HOMBRES DEL FUTURO VISITAN
A LAS PIEDRAS DEL PASADO, Y ASÍ LOS VIOLENTOS CORTES TEMPORALES
NO SE ENTRECHOCAN JAMÁS, Y MÁS BIEN SE ENCUENTRAN EN LO SUCESIVO:

LOS BAÑISTAS DEL ARROYO SAGRADO COSECHAN FLORES DE VARIAS
    PRIMAVERAS
LOS SIGLOS SOLO MARCHITARON LOS SUEÑOS DE UNAS CUANTAS MULTITUDES:
EL INVIERNO TROPICAL DE LA ARQUEOLOGÍA CON SU TESTIMONIO
DE NUMEROSAS FIEBRES MULTICOLORES: FRASES AHORCADAS POR FIBRAS,
ESTA ES LA TEORÍA, Y LA POESÍA NO LLEGA A DESPEJAR
CIERTA TENSIÓN PROSAICA QUE ANIDA ENTRE LOS CARTÍLAGOS.

LOS POEMAS SON LAS RUINAS BULLICIOSAS DEL MUNDO.
SE AMOROTAN, VERDEAN, AMARILLEAN, ENROJECEN, SON EL TOUR CERÚLEO
DE UNA FALSA ETERNIDAD QUE FLUYE COMO UN CARNAVAL DEL SENTIDO,
DE BOCA EN BOCA A TRAVÉS DE LA SOLEDAD PARÓDICA DEL DESIERTO.

EN LOS CIRCUITOS DE CORRIENTE LAS OSAMENTAS PARECEN BOBOS
TIBURONES ALETARGADOS POR EL ÍNDICO.

ARTE DEL MAQUILLAJE: ARTE DE LA MÁSCARA
ARTE DE LA ARQUITECTURA: ARTE DEL ANDAMIAJE
ARTE DE LA FUGA: ARTE DE LA REPETICIÓN
ARTE DE LA NOVEDAD: ARTE DE LA IGNORANCIA
ARTE DE LA VERDAD: ARTE DE LA ARGUMENTACIÓN

LA LUNA BAILABA EN EL AIRE
ALTA Y COMPACTA COMO UNA TABLETA
LA NOCHE FINAL EN QUE LAO TSE DICTÓ SU LIBRO
ANTE LAS PUERTAS DE LA GRAN CIUDAD DORMIDA

Sobrevivir, Mirko Lauer

QUADERNA OCTAVA

Ocho buenos músicos que sí sabían muy bien lo que hacían. Se había hecho lo humanamente posible para dotar al *Titanic* con la mejor banda del Atlántico. La «White Star Line» incluso sobornó al director de la banda del *Mauritania*, perteneciente a la «Línea Cunard». También el pianista Theodore Brailey y el violoncelista Roger Brocoux fueron sacados del *Carpathia*. El primer violinista Jock Hume y Fred Clark saxofonista. Wallace Henry Hartley «bandmaster» se la pasó tocando rigtimes todo el viaje...

No hay lengua, no se une una lengua a una clase
Una lengua cruza las clases.
Sólo hay discursos de clase

E. Ballón Aguirre

HIELOS HIELOS HIELOS

Titanic fue definitivamente hallado a una profundidad de 12,500 pies (unos 3,825 metros b.n.m.). Su equivalente —para el redactor del TIME cuyo patrón de medida más convencional era el edificio Empire State Building de N.Y. — era que el *Titanic* estaría unos 10 Empire bajo el agua unos encima de otros...

Y cada Empire tiene 108 pisos, lo que nos está diciendo que el *Titanic* se encuentra a unos 1,080 pisos hasta el fondo del mar (cada piso: un promedio de 3.80 m. de alto) nos dan casi 4 kilómetros bajo el agua...

DISCURSO DEL ATRASO POSMODERNO

AMARTYA SEN, PREMIO NOBEL DE ECONOMÍA 1998
DE NACIONALIDAD HINDÚ DE ORIGEN BENGALÍ HA
SIDO CALIFICADO COMO «CONCIENCIA DE NUESTRA
PROFESIÓN». ÉL HA INTRODUCIDO LA DIMENSIÓN
ÉTICA EN LA ECONOMÍA Y TRASCIENDE LOS
LÍMITES DEL MERCADO Y LA PRODUCCIÓN. PARA SEN
EL PROBLEMA DEL HAMBRE, ES UNA PREOCUPACIÓN
FUNDAMENTALMENTE MORAL RELACIONADA CON LA
DIGNIDAD HUMANA.

El Discurso del Atraso Latinoamericano es el Discurso de la Modernidad del Atraso al no haberse podido hasta hoy resolver los problemas del Hambre y la Desocupación que son los verdaderos grandes problemas de estos tiempos y de todos los tiempos.

El atraso — es no comer tres comidas al día en estos tiempos de las alabadas modernidades republicanas en todo el mundo entre otras grandes carencias...v.g. la carencia mundial de educación y de cultura — porque carencias las ha habido siempre y las seguirán habiendo pero *no pueden* seguir siendo tercamente insatisfechas las mismas desde hace quinientos años...

En este trance que parece inacabable es insoportable tener que vivir condenados a tener que tragar de golpe y porrazo o de sopetón este pastel tentador de mil hojas u hojaldres ¡una delicia de fragilidad como parecer ser para muchos la modernidad!... no una conquista sino una vitrina de exhibición una galería de locuras un paseo entre anuncios luminosos que es [como la presentan] pura hojarasca la modernidad...como algo lleno de tentaciones... pero inalcanzable y semejante al paseo de un circo que acaba de llegar a la ciudad como seducción como tentación con bombos y platillos y carros alegóricos y bellas muchachas y forzudos...

Este tener que comer de un solo bocado o mordisco el Perú del Tercer Milenio y seguir con esta golosina suculenta que unos dicen gozosamente que se puede morder pero que a la vez uno no puede morder el más pequeño trozo de este pastel de milhojas sin desparramarlas en miles de fragmentos que son del aire y van al aire [que vuelan por los aires como un jarrón chino roto... mientras uno se queda payasos perplejos bajo la capa del circo]

EL COMERCIO, DE LIMA, PERÚ DEL 27 / OCTUBRE / 1998

«Hace aproximadamente quince años el ingeniero norteamericano Bursmaister Fuller escribió en su obra «La realización de la utopía», que se podía resolver el problema del hambre en el mundo gracias al desarrollo económico y tecnológico, pero la causa principal que impedía este proyecto era el egoísmo de ciertas organizaciones transnacionales de los alimentos.

Entre otros temas centrales, la gran pregunta que pretende responder Amartya Sen es ¿por qué en algunos casos la pobreza declina y en otras se incrementa y qué es lo que causa el hambre?

Él hizo un texto famoso *«Para terminar con el hambre construyamos democracia y libertad de expresión»* y otros derechos políticos (porque dice Sen) «los grandes problemas del hambre y la miseria han ocurrido en los antiguos regímenes autoritarios, en las sociedades modernas que tienen esta forma de organizar el poder, en las sociedades tribales, en las modernas tecnocracias gobernadas por dictadores, en los colonialismos económicos, en sociedades descolonizadas dirigidas por líderes nacionalistas despóticos, o en sistemas de partido único, pero la hambruna no ha afectado a los países libres, que tienen elecciones periódicas, partidos de oposición y permiten la existencia de diarios independientes capaces de informar sin ningún tipo de censura, presión o amedrentamiento.

Arnold Toynbee, el famoso filósofo inglés de la historia, explica que la única cultura del mundo antiguo que resolvió el problema del hambre fue la andina, especialmente a nivel de su imperio universal que fue el IMPERIO INCA, por su especial cosmogonía de la vida y la manera como planificó la economía. Fuera de este caso sólo en las democracias modernas se ha logrado grandes avances en la solución del problema».

[COMENTARIO DE Francisco Miró Quesada Rada]

QUADERNA NOVENA

¿A DÓNDE VA EL SEÑOR? NO LO SÉ, RESPONDÍA. ¡CON TAL QUE SEA FUERA DE AQUÍ, FUERA DE AQUÍ, SIEMPRE FUERA DE AQUÍ, SÓLO ASÍ PUEDO ALCANZAR LA META, DIJO. SI HAS ENRUMBADO POR UNA CALLE, SIGUE POR ELLA, EN CUALQUIER CIRCUNSTANCIA, SÓLO OBTENDRÁS VENTAJAS. SI NO ENCUENTRAS NADA EN LOS PASILLOS, ABRE LAS PUERTAS, HAY MÁS PISOS, SI NO ENCUENTRAS NADA ARRIBA, NO IMPORTA, SUBE POR OTRAS ESCALERAS. HASTA QUE DEJES DE SUBIR NO TERMINARÁN LOS ESCALONES; VAN CRECIENDO BAJO TUS PIES MIENTRAS SUBES...

Kafka

Y AL AMANECER

Y al amanecer se veían icebergs de 150 a 200 pies de altura, verdaderas montañas blancas monstruosas... hacia el norte y al oeste hasta una distancia de 5 millas se extendía una enorme llanura de hielo... la llanura estaba por aquí por allá más allá o acullá coronada de hielos por varios frentes o lados... los picos de los icebergs parecían verdaderos conciliábulos o aquelarres de brujas sobre el mar... un halloween marítimo o un samhain irlandés [umbral entre el pasado y el presente cuando se liberaban las almas humanas que habían quedado atrapadas en cuerpos de animales o año nuevo celta] y esas montañas enormes y heladas... esos témpanos enhiestos como púas... ¿sobré qué discurrían o departían esas cumbres?

I.M. DE ALEJANDRA PIZARNIK

el mar es el mejor consejero
y el mejor oyente

Trabaja en la piedra su historia, su memoria y su identidad. La piedra sensibiliza el espacio, donde la poesía, el silencio y lo sagrado intercambian sus nombres. Casi una literagonía del lugar desde donde escribe la mujer en una sociedad falogocéntrica y una literagonía del dislocamiento y la sustitución del varón por «*la muchachita de la infancia*» «*atrapada entre las rocas, hundida entre las rocas*» que ha perdido la voz, la suya, una voz sin sujeto, la pérdida de la frontera del cuerpo, el movimiento y la voz y finalmente la voz de una mujer pálida y nocturna con un lenguaje que nombra al ser sin nombrar las cosas, frente a la vanidad de las vanguardias, la vanidad femenina con un lenguaje incontaminado de significantes...

Es un lenguaje que «*se convierte en un barco sobre un río de piedra*» donde «*el centro / de un poema / es otro poema / el centro del centro / es la ausencia // en el centro de la ausencia mi sombra es el centro del centro del poema*» y el gesto anula el texto «*Allí donde la luz no alumbre tal vez alumbre la sombra*» entre las fisuras del texto poético confesando su falta de fe y su serena búsqueda de la palabra desnuda de la que abomina la compulsiva reunión de palabras y elige el adentramiento seguido de una fuerza centrípeta...

Para Pizarnik, como para todos los místicos, «la experiencia de lo absoluto sería una conbinación de goce sensual, éxtasis místico, y placer estético (Lazarte). El goce sensual se encarna en esa mujer-loba que habita los bosques y amenaza su tranquilidad, el éxtasis místico se despliega en la performance de la niña inocente que porta la palabra sagrada y el placer estético en el propio ejercicio de la escritura. Se convierte en un barco sobre un río de piedras que nunca puede naufragar pero tampoco puede conducirnos a otra parte.

(fragmentos de una conferencia de Marcel Velázquez Castro)

Homenaje a Moro (1903-1956)
a los 60 años de la «Tortuga ecuestre y
el «Castillo de Grisú» (1939-1941)

LLAMADO A LOS TRES REINOS

Hablo a los tres reinos

Al tigre sobre todo

Más susceptible de escucharme

A las limaduras de la carbonilla

Al viento que no se sitúa en ninguno de los tres reinos

Para la tierra habría que usar un lenguaje de cielo

Para el agua un lenguaje de ventosa

Para el fuego apretar la poesía en un torno y romper el cráneo
   atroz de las iglesias

Hablo a los sordos de orejas tumefactas

A los mudos más imbéciles que su silencio impotente

Huyo de los ciegos pues no podrán comprenderme

Todo el drama sucede en el ojo y lejos del cerebro

Hablo de un cierto encanto incomprensible

De un hábito desconocido e irreductible

De ciertas lágrimas secas

Que pululan sobre el rostro del hombre

Dᴇʟ sɪʟᴇɴᴄɪᴏ ǫᴜᴇ ʀᴇsᴜʟᴛᴀ ᴅᴇʟ ɢʀᴀɴ ɢʀɪᴛᴏ ᴅᴇʟ ɴᴀᴄɪᴍɪᴇɴᴛᴏ

Dᴇ ᴇsᴛᴇ ɪɴsᴛɪɴᴛᴏ ᴅᴇ ᴍᴜᴇʀᴛᴇ ǫᴜᴇ ɴᴏs sᴜʙʟᴇᴠᴀ

A ɴᴏsᴏᴛʀᴏs ʟᴏs ᴍᴇᴊᴏʀᴇs ᴅᴇ ᴇɴᴛʀᴇ ʟᴏs ʜᴏᴍʙʀᴇs

Cᴀᴅᴀ ᴍᴀñᴀɴᴀ sᴇ ʜᴀᴄᴇ ᴛᴀɴɢɪʙʟᴇ ʙᴀᴊᴏ ʟᴀ ꜰᴏʀᴍᴀ ᴅᴇ ᴜɴᴀ ᴍᴇᴅᴜsᴀ

    sᴀɴɢʀᴀɴᴛᴇ ᴀ ʟᴀ ᴀʟᴛᴜʀᴀ ᴅᴇʟ ᴄᴏʀᴀᴢóɴ

Hᴀʙʟᴏ ᴀ ᴍɪs ᴀᴍɪɢᴏs ʟᴇᴊᴀɴᴏs ᴄᴜʏᴀ ɪᴍᴀɢᴇɴ ᴄᴏɴꜰᴜsᴀ

Tʀᴀs ᴜɴᴀ ᴄᴏʀᴛɪɴᴀ ᴅᴇ ᴇsᴛʀéᴘɪᴛᴏ ᴅᴇ ᴄᴀᴛᴀʀᴀᴛᴀs

Mᴇ ᴅᴇʟᴇɪᴛᴀ ᴄᴏɴ ᴜɴᴀ ᴇsᴘᴇʀᴀɴᴢᴀ ɪɴᴀᴄᴄᴇsɪʙʟᴇ

Bᴀᴊᴏ ʟᴀ ᴄᴀᴍᴘᴀɴᴀ ᴅᴇ ᴜɴ ʙᴜᴢᴏ

Sɪᴍᴘʟᴇᴍᴇɴᴛᴇ ᴇɴ ʟᴀ sᴏʟᴇᴅᴀᴅ ᴅᴇ ᴜɴ ᴄʟᴀʀᴏ ᴅᴇ ʙᴏsǫᴜᴇ

                                      (1939-1941)

                     [Traducción de Ricardo Silva Santisteban]

La proa del *Titanic* fue bajando lentamente cada vez más y más y su popa alzándose. Transcurrieron dos minutos, el espantoso ruido de todo lo que se derrumbaba cesó de pronto y el *Titanic* se estabilizó mejor sobre su Popa. Entonces, lentamente empezó a deslizarse en posición oblícua. A medida que se hundía iba cobrando velocidad. Cuando el mar se cerró sobre la bandera de popa, iba a una velocidad terrorífica capaz de producir un pequeño oleaje...

—¡Oh, mamá, mira la estrella polar, pero sin Santa Claus

—dijo el pequeño Douglas Speddon, a su madre, Mrs. Frederick O. Speddon, cuando el bote número 3 se acercaba por entre los hielos al *Carpathia*. La verdad que el mundo parecía un dibujo de un libro infantil sobre el Artico. El sol empezaba a asomar por el horizonte y el hielo resplandencía reflejando sus primeros rayos. Los icebergs eran de un blanco deslumbrante, rosa, lila, azul intenso, según como les daban los rayos o como caían las sombras sobre ellos.

El mar era ahora de un azul vivo y salpicado de trocitos de hielo no mayores que el puño de un hombre que bailaban sobre las aguas rizadas. Sobre sus cabezas —de los sobrevivientes— el cielo de levante era oro y azul y prometía un día magnífico. Pero las sombras de la noche aún persistían al oeste...

Casa de Citas

Se puede decir que ésta ha sido una casa de citas, han venido clientes de todas partes como para una celebración de la casa, han venido a divertirse pero no se ha citado a nadie por gusto ni para que pierda el tiempo. Se han citado a seres que sí tienen algo que mostrar y demostrar, ésta no es, claro, una Casa de Vírgenes ni una cacería al conejo o al león tuerto, al faisán o a la perdiz con trompeterías y lebreles y salón de fumar. Se ha invitado a jardineros experimentados que saben de injertos públicos y privados, a fruticultores, a horticultores, a meteorólogos a reforestadores, a argonautas, a cazadores de corazón certero y a locos sensatos. Todos gente de trabajo. Este no es un convento de novicias, claro, se ha dedicado bastante tiempo y horas a los trabajos de la tierra, de las aguas, a escudriñar los cielos y los aires y muy poco a juegos de azar, esto no es el hipódromo o un casino. Por eso la Casa sigue abierta 24/24 hrs. como una farmacia o un *farmakon*

Y POR LA MAR DE LAS COSAS

VA UNO A LA ANGUSTIA DE NADIE

                    Adán

Y SINGLA HACIA PUERTO INTENSO,

PULSO PURO, EL NAVEGANTE

                    Adán

ÍNDICE